FREUD & COMPANHIA

JOSÉ MARTINHO

FREUD & COMPANHIA

ALMEDINA

JOSÉ MARTINHO

FREUD & COMPANHIA

DISTRIBUIDORES

LIVRARIA ALMEDINA
Arco de Almedina, 15
3004-509 Coimbra - Portugal
T 239851900 | F 239851901
geral@almedina.net

LIVRARIA ALMEDINA - PORTO
Rua de Ceuta, 79
4050-191 Porto – Portugal
T 22 2059773 | F 22 2039497

EDIÇÕES GLOBO, LDA.
Rua S. Filipe Nery, 37-A (ao Rato)
1250-225 LISBOA - PORTUGAL
T 213857619 | F 213844661

DESENHO GRÁFICO

FBA. FERRAND, BICKER & ASSOCIADOS
info@fba.pt

EXECUÇÃO GRÁFICA

GRÁFICA DE COIMBRA, LDA.
producao@graficadecoimbra.pt

DEPÓSITO LEGAL: 165268/01

ISBN 972-40-1530-0

ABRIL, 2001

ÍNDICE

O CENTENÁRIO

2000 foi o ano em que se comemorou um pouco por todo o mundo o centenário da publicação da *Interpretação dos Sonhos* e da invenção de Freud. Durante este período, foi-me solicitado que escrevesse dois artigos sobre psicanálise, um para a *Revista de Humanidades e Tecnologias,* e o outro para o Manual de *Introdução ao Pensamento Contemporâneo* (Edições Universitárias Lusófonas). Estes textos foram lidos por algumas pessoas que prezo pelas suas qualidades intelectuais e éticas, as quais me sugeriram que os publicasse num único volume, para que o seu valor didáctico não se perdesse no meio de toda a informação oferecida pela Revista e o Manual. Só no final do mês de Novembro decidi oferecer os dois textos a um público mais alargado, juntamente com uma resposta que dei recentemente à pergunta *o que é a psicanálise?*. Porque esta decisão teve algo de intempestivo, acabou por remeter a vinda a lume da obra para o ano 2001.

José Martinho

O ACONTECIMENTO FREUD

Scholmo Sigismund (Sigmund) Freud nasceu no dia 6 de Maio de 1856 em Freiberg, e faleceu no dia 23 de Setembro de 1939 em Londres, com a ajuda do seu amigo Max Schur, o médico que supervisionou trinta e uma das trinta e três operações a que se submeteu em consequência de um tumor maligno descoberto em 1923.

Com Marx e Einstein, Freud foi o «pensador» que maior influência exerceu sobre o século XX. O seu nome é inseparável da psicanálise. Esta surgiu em Viena por volta de 1900. Depois de um início algo atribulado, acabou por se tornar a mais estável das grandes referências teóricas do mundo contemporâneo.

Várias linhas de força foram já desenhadas para tentar descrever a elaboração colectiva, a acumulação e os arranjos específicos de conhecimentos que viabilizaram a emergência da psicanálise como paradigma da Modernidade[1].

Contudo, se existem forçosamente antecedentes históricos da psicanálise, a grande dificuldade consiste sempre em discernir a atopia do seu discurso, e que tenha emergido por assim dizer do nada, como toda a verdadeira criação.

A psicanálise não brotou espontaneamente da Natureza, e não estava escondida entre as Artes, as Letras e as Ciências, à espera que a encontrassem. A psicanálise não foi descoberta, mas inventada, e foi esta invenção que levou Freud às descobertas sensacionais que os psicanalistas redescobrem todos os dias.

A este nível, a única coisa que pode ser exigida para explicar a criação da psicanálise é o desejo do seu criador. Este desejo não é psicológico. Assim, para entender Freud, não é muito importante saber que em criança cresceu numa estrutura familiar atípica[2], que em adulto se transformou num homem puritano que preferiu estudar a experimentar os licenciosos costumes da cidade onde vivia, ou que, por fim, teve um cancro que o tornou pessimista quanto ao futuro.

Se a invenção de Freud excedeu a totalidade dos dados históricos e psicobiográficos, foi porque se fundou num intratável amor à verdade[3], que subverteu a subjectividade, deixou de pactuar com o que já existia, e conduziu ao *desejo do psicanalista.*

Para aqueles que continuam a desconhecer o que o desejo e o discurso do analista têm de inédito, a psicanálise pode parecer uma velha senhora, que ficou estéril, ou já foi enterrada. No entanto, como a Fénix, ela renasce permanentemente das cinzas. Assim, os constantes ataques à psicanálise, quer provenham dos totalitarismos, dos moralismos, ou dos cientismos, só provam que a centenária está viva e vigorosa. Contra factos não há argumentos: existem cada dia mais psicanalistas, psicanalisandos e psicanalisados. Por esta razão, Freud permanece um nome que inspira alegria <*Freude*>, um amigo <*Freund*> que não pára de dar que pensar, que criou uma obra cuja letra e espírito mudaram o sentido e o valor da existência[4].

RUPTURA EPISTEMOLÓGICA E FERIDA NARCÍSICA

Para fazer uma omelete, é preciso partir ovos
Freud: O Início do Tratamento

Num artigo de 1913 escrito para uma Enciclopédia italiana, intitulado *O Interesse da Psicanálise*[5], antes de apresentar ao leitor as estimulantes relações que a sua invenção começava a edificar com as disciplinas não psicológicas[6], Freud evoca o vínculo estranhamente familiar que a psicanálise tem com a psicologia.

Até à data, a psicologia científica e experimental tinha sido uma *psicofísica*, ou uma *psicofisiologia*, enquanto que a psicologia racional e introspectiva, herdada da teologia e da filosofia especulativa, era essencialmente um estudo dos conteúdos de consciência, uma psicologia do Eu consciente de si.

O que Freud vai propor no lugar da psicologia oficial ou superficial é uma *psicologia das profundezas*: não a velha psicologia enriquecida por conhecimentos vindos da anatomia, da neurologia e da patologia, mas um método de investigação de mecanismos psíquicos que seriam inacessíveis de outro modo, uma técnica de tratamento de sintomas fundada nos princípios deste método, e uma nova ciência, com os seus conceitos e objecto – a *psicanálise*.

São os mecanismos psíquicos descobertos que levam a psicanálise à compreensão[7] do sentido dos actos sintomáticos. No entanto, se a existência destes mecanismos obriga Freud a manter o velho postulado científico do determinismo (Laplace), a afirmar que não há acaso no psiquismo, ele não funda mais a causalidade psíquica na Consciência e no Eu, mas no *Inconsciente* e na *Pulsão*.

Como os conceitos de Inconsciente e Pulsão vão contrariar dois dos grandes preconceitos[8] da inteligência vigente, Freud terá também que apresentar aos seus leitores, para além do *interesse*, a *dificuldade da psicanálise*[9]: esta é inaceitável, porque provocou uma crise na ciência e na consciência do seu tempo, desferindo simultaneamente um terceiro e profundo golpe no amor-próprio da humanidade.

O primeiro destes golpes foi infligido pela Astronomia. Com efeito, pensava-se ainda durante a Idade Média que a terra era o centro do Cosmos, de um mundo fechado que Deus construiu e enfeitou para o homem condignamente habitar. Ora, no século XVI, Galileu, Copérnico, Kepler e Giordano Bruno vêm mostrar que a terra não ocupa este lugar privilegiado da nossa imaginação, que é apenas um planeta descrevendo a sua órbita em torno do Sol, um pequeno grão de areia num Universo infinito.

A segunda grande humilhação, que data apenas do século XIX, foi provocada pela Biologia. Acreditava-se piamente na tradição ocidental que o homem tinha sido criado à imagem e semelhança de Deus. Mas, com Darwin, o homem passa a ser um mero resultado da evolução, um sucedâneo do macaco.

Por fim, com o narcisismo refugiado no interior da privacidade psíquica, Freud desfere um terceiro golpe na megalomania humana, mostrando que o Eu e a Consciência não são senhores de si na sua casa, mas marionetas puxadas por fios que desconhecem, movidas por forças que os ultrapassam.

PALAVRA E SINTOMA

As palavras são o instrumento essencial
do tratamento psíquico.
Freud: O Tratamento Psíquico

A partir do sintoma fomos conduzidos
para o inconsciente, para a vida pulsional...
Freud: Novas Conferências sobre Psicanálise

A ruptura de Freud com o conhecimento do seu tempo passou também por uma separação com os seus mestres. Depois de se ter afastado da fé judaica de seu avô (o rabi Scholmo Freud), do judaísmo pouco tradicional do seu pai, e exegético do seu professor de hebreu (Hammerschlag), Freud desligou-se dos cientistas e médicos que conheceu durante os seus estudos superiores e nas primeiras actividades profissionais.

Estes viviam todos o triunfalismo positivista da Ciência do fim do século XIX. Por exemplo, o chefe do laboratório no Instituto de Fisiologia de Viena em que Freud dissecava enguias, lampreias e outros pequenos animais por volta de 1880, Ernest Brücke, era uma espécie de D´Artagnan, que se juntou aos três mosqueteiros da ciência de então - Émile Dubois-Reymond, Hermann Helmholtz e Carl Ludwig –, para jurar com eles que não descansaria enquanto não demonstrasse que tudo se explicava por um sistema de forças físico-químicas.

Esta fé cientista deixará as suas marcas na obra de Freud: é ela que o leva a forjar o termo *psico-análise* por analogia com a análise química dos compostos, a utilizar metáforas energéticas, hidráulicas e biológicas, ou, ainda, a acreditar durante um certo tempo no modelo médico da cura. De facto, por razões materiais, Freud troca a investigação laboratorial pela medicina, mas depois abandona-a, porque sempre foi médico contra a sua vontade. Uma vez psicanalista, defenderá a *análise leiga*, não praticada por médicos, dado que ser médico pode até prejudicar a psicanálise, pelo menos se este não souber desprender-se da mania de curar <*furor sanandis*>.

Aquilo que distingue desde muito cedo a clínica freudiana da dos psiquiatras, psicólogos e sexólogos da sua época, é a afirmação de que a *palavra*[10] é o principal instrumento do tratamento psíquico, o meio mais apropriado e eficaz para tratar as perturbações da alma e do corpo do ser falante.

Antes mesmo que Bertha Pappenheim (dita Anna O.) tenha utilizado o termo de *talking cure*[11] para rebaptizar o que Breuer chamava de *abreacção* e *catarse*, que outras histéricas tenham pedido ao médico para se calar e deixá-las falar, a psicanálise é concebida pelo seu inventor como tratamento pela palavra.

Sem dúvida que sempre houve a suspeita de que a palavra continha fórmulas mágicas e poderes purificadores, mas o grande mérito de Freud foi de não se ter contentado com a influência da palavra do feiticeiro, do padre, ou do médico sobre o paciente, para contar, antes de tudo, com os efeitos da fala do sujeito sobre o seu próprio sintoma.

Sintomas típicos[12] que não o histérico passarão deste modo pelo crivo da palavra, mas o primeiro *sintoma individualizado* que vai conhecer a psicanálise é o sintoma-Freud. Com efeito, a *análise originária*[13] trata do caso Freud, e o conjunto da obra inclui uma dissecação da personalidade psíquica do autor, a qual se estrutura à maneira do sintoma que sente como estranho.

Esta estranheza encontrada em si mesmo e nos seus pacientes, resulta do facto de que o sintoma psicanalítico tem um *sentido* aparentemente ininteligível, pois remete para um acontecimento traumático[14] de que nada se quer saber.

Freud descobre que o sintoma analisável é uma *solução de compromisso* entre uma exigência de satisfação corporal e o sujeito psicológico que contra ela se defende. Impedindo o choque das duas forças antagónicas, o sintoma introduz a paz no conflito, mas, com esta, as reivindicações iniciais cedem o lugar a satisfações substitutivas, e aparecem os *benefícios da doença*. Freud aproveita para enunciar um paradoxo: o indivíduo sofre do seu sintoma, mas na realidade não quer desembaraçar-se dele, já que conta com este para obter uma satisfação que pode não ser a melhor, mas que é a satisfação possível.

Porque tenta reduzir as duas intenções psíquicas ao silêncio, a paz do sintoma é provisória. Se assim não fosse, não haveria formulação de uma queixa, nem pedido de cura.

A cura psicanalítica é, contudo, problemática. No fim dos *Estudos sobre a Histeria* (1895), Freud escreve que a análise se limita a transformar a *miséria histérica em sofrimento banal*[15]. Vinte e um anos mais tarde, na 23ª Conferência da *Introdução à Psicanálise* (1916-17), afirma: *a única coisa de tangível que resta da doença, depois de se ter acabado com os sintomas, é a capacidade para formar novos sintomas*[16]. E, no fim da sua vida, em *Análise Terminável e Interminável* (1937), avisa os analistas que pretendem curar o incurável, que a sua profissão não é só difícil, mas *impossível*[17].

Existem na obra de Freud várias figuras do incurável, como o *desamparo* <*Hilflosigkeit*> existencial, a *dependência* <*Abhängigkeit*> de outrem, ou a *angústia da perda de amor* <*Angst vor Liebsverlust*>; todavia, é ao nível do incurável do sintoma[18] que a própria noção de cura deve ser colocada em questão. Sem dúvida que se encontram sempre pessoas que acreditam ter sido curadas pela psicanálise, mas, neste caso, devemos considerar que tal impressão vem *em acréscimo*.

O que a *talking cure* propõe pela mediação da sua *regra fundamental* – a associação livre –, é analisar o material e as resistências que provém da fala do analisando, afim que este, na sua busca da verdade, consiga transformar a relação com um sintoma que é, no fundo, irredutível.

Mesmo convertido somaticamente, o sintoma vai poder falar através da palavra que o analista oferece a quem o procura. Mas, durante o exercício da plena liberdade de falar, o analisando revela-se sujeito de uma *primeira mentira* <*proton pseudos*>, que pode ser atribuída à fantasia ou *fantasma* <*Phantasie*>, mas também à própria palavra, na medida em que esta não é a coisa e o seu significado, e gera sempre o mal-entendido.

Para dizer toda a verdade, o sujeito vê-se ainda forçado a recorrer a mitos, a inventar romances familiares, *estorias* infantis e sexuais, que chamam a atenção de Freud para a verificação da realidade de tais «delírios». Depois de escutar os seus analisandos, Freud fica convencido que não se trata só de imaginação, que o fantasma inclui algo de real, mas que escapa ao quadro da realidade psíquica, fazendo com que a sua *verdade histórica* apenas possa ser *construída*[19]. Desde logo, o que a análise vai procurar é aquilo que permanece constante nas variações de sentido de uma verdade que tem estrutura de *ficção*.

A procura do sentido conduziu Freud a definir inicialmente a psicanálise como uma *arte da interpretação*. Mas rapidamente se depara com uma *resistência* a esta arte, um obstáculo a que chama *transferência*. É a análise como *neurose de transferência* que vai permitir destinguir entre o *sentido* <*Sinn*> e a *referência* <*Bedeutung*> do sintoma[20], dado que o analisando deixa de questionar o sofrimento que o levou ao pedido de cura, para se fixar ao analista enquanto objecto de amor. Porque a variação do sentido do sintoma vai doravante girar em torno da referência que o analista coloca em evidência, Freud dirá que, na análise da transferência, só existem os *sintomas que conhecem uma tal transformação*[21].

Mas, então, qual é a verdadeira *Bedeutung* do sintoma? A primeira resposta que Freud pôde dar a esta questão encontra-se na *Traumdeutung*, porque foi o sonho que lhe permitiu aprofundar a lógica do inconsciente.

A INTERPRETAÇÃO DOS SONHOS

A interpretação dos sonhos é a via régia
que levou ao conhecimento do inconsciente
na vida psíquica.
Freud: A Interpretação dos Sonhos

Ao pedir ao editor que apusesse na *Traumdeutung*[22] a data simbólica de 1900, Freud mostrou querer ligar indissociavelmente a interpretação dos sonhos, o nascimento da psicanálise e o novo século.

Com aquele que virá a ser o mais célebre dos seus livros, Freud acrescenta ao estudo do sonho como processo somático, o estudo do sonho como realidade psíquica, e social, dado que os sonhos sempre foram interpretados na história dos povos.

Antes de Freud, existiam duas grandes teses sobre o sonho: a que defendia que era um fenómeno desprovido de sentido, e a que dizia o contrário. A primeira destas teses era sobretudo partilhada pelos cientistas[23], enquanto que a segunda era a de todos aqueles que confusamente supunham que o sonho queria dizer algo.

Freud junta-se aos antigos intérpretes dos sonhos como Artemidoro de Daldis, e até aos videntes populares da sua época, para afirmar que o sonho não é absurdo, tem um sentido, pelo menos a partir do momento em que o sujeito se questiona sobre o que este significa.

Todavia, diferentemente dos que acreditavam que o sentido do sonho era místico-religioso, que os sonhos eram mensagens dos deuses, Freud defende que o sonho é uma mensagem do inconsciente, e que a referência ao sentido tem, no fundo, uma significação sexual.

Freud diz-nos que todos os que o precederam foram enganados pelas imagens que viam nos sonhos, quer estas estivessem paradas, ou em movimento. Assim, ninguém se apercebeu que o sonho não era um desenho, ou uma animação cinematográfica, mas uma escrita figurada, que podia ser decifrada como Champolion decifrou os hieróglifos egípcios.

O sonho, como objecto da psicanálise, é uma *charada*[24]. Mesmo se o seu *conteúdo manifesto*, visível, é composto por imagens ou figuras, o seu *conteúdo latente*, invisível mas legível, é constituído pelas sílabas, palavras e letras que articulam a sentença da charada.

A análise não interpreta, pois, *o sonho em si*, mas o relato dos pensamentos do sonho, as associações singulares e simbolismo comum que utiliza. O que se analisa é a relação que o sujeito falante entretém com o seu sonho, quando envia a mensagem ao analista.

O mistério do sonho não está propriamente no sentido que lhe podemos vir a dar *retroactivamente* <*nachträglich*>, mas nos *mecanismos* que presidem à criação deste sentido, que são os mesmos que governam todas as formações do inconsciente[25].

Aquilo que Freud vai efectivamente descobrir é o *trabalho do sonho* <*Traumarbeit*>, juntamente com o seu *empreiteiro* (os restos diurnos) e *capitalista* (o desejo inconsciente).

O sonho mostra como um desejo que a realidade e a consciência impediram de se manifestar, investe, durante o sono, as recordações do dia, submete este material psíquico à *condensação* <*Verdichtung*> e ao *deslocamento* <*Verschiebung*> que regem as representações ao nível do processo primário do inconsciente, mas também à elaboração secundária, à *exigência de figurabilidade* <*Rücksicht auf Darstellbarkeit*>[26] que acaba por dar consistência imaginária ao criptograma.

Todo este processo se passa com a consciência adormecida, pela via das palavras que se impõem aos que, mesmo dormindo, habitam a linguagem. É ainda o ditame das palavras que permitirá a Freud explicar o sonho acordado que foi também para ele a *Interpretação dos Sonhos*, dado que o livro foi-lhe ditado pelo inconsciente, quando se debatia internamente com o inconfessável desejo que a morte do seu pai veio por a claro[27].

Ao longo da *Traumdeutung*, Freud repete que o sonho é uma *realização de desejo,* mas também que é o *guardião do sono.* A partir destas duas grandes teses, podemos dizer que tal como o célebre *sonho da injecção dada a Irma*[28] cada sonho tem a sua fórmula significante e o seu significado, cada um cumpre um desejo, e todos realizam o desejo de dormir.

O *desejo* <*Wunsch*> em Freud é uma noção complexa, onde a necessidade e o pedido de amor se juntam à ânsia de voltar a alcançar a satisfação originária. Mas como as satisfações infantis são sempre precedidas e seguidas de insatisfações, a satisfação total que o *Wunsh* persegue acaba por ser mítica. É mesmo porque nenhum reaparecimento de traço mnésico permite atingir a satisfação absoluta, que o sonho procura chegar até ela através da regressão alucinatória[29].

Deste modo, é o sonho contado ao analista que vem mostrar que o crucial, para o sujeito, é a realização verbal do desejo, na medida em que o relato do sonho acaba por dizer, ainda que de modo deformado, o que a voz da consciência não consegue soletrar.

No final, o desejo permanece insatisfeito, pois a alucinação e a narração do sonho mostram-se incapazes de obter uma satisfação que seja única, plena e completa. Mais ainda, como *a espirituosa mulher do talhante*[30] indicou a Freud, realizar o desejo acaba por ser criar-se um desejo insatisfeito, dado que o desejo nasce da diferença entre a satisfação esperada e obtida, só sendo *indestrutível* quando falta o objecto que o anima.

É esta falta que o sonho como guardião do sono tenta velar. De facto, se o sonho quer conservar o sono, não é apenas para afastar os estímulos que perturbam a actividade vital de dormir, mas sobretudo para não permitir que o real acorde, ou seja, para que o sonhar prossiga, de olhos bem fechados, ou abertos.

O sonho de angústia ou o pesadelo mostram que o real que o sonho pode encontrar é traumático. Não se trata unicamente do que Freud chama de o *umbigo do sonho*[31], o ponto onde este se liga ao Desconhecido, em que a interpretação deve parar, exigir outro sonho, ou arriscar-se ao delírio. Trata-se, antes de tudo, do que vincula sonho e sintoma.

O sintoma e o sonho como formações do inconsciente foram os dois pontos de partida empíricos da psicanálise. Mas o que Freud descobre rapidamente, é que o sonho (nocturno ou diurno) é uma realização imaginária do *fantasma do desejo* <*Wunschphantasie*> inconsciente, enquanto que o sintoma permanece ancorado no que a pulsão sexual tem de mais real.

O sintoma é, pois, o que faz com que a vida não seja só sonho, que haja também um real para o qual o sujeito é forçado a despertar.

O INCONSCIENTE

O valor-índice do inconsciente ultrapassou
de longe a sua importância como propriedade
Freud : Nota sobre o Inconsciente na Psicanálise

Uma das dificuldades com que Freud se depara sempre que se vê obrigado a escolher um termo para o vocabulário da psicanálise, é de conseguir diferenciar do senso comum o conceito associado a este novo significante: é o caso da palavra *Inconsciente* <*Unbewusst*>, que já existia na língua alemã como adjectivo e substantivo, e no pensamento, como inconsciente metafísico, psicológico e poético.

Esta dificuldade obrigou Freud a escrever vários artigos para explicar que o valor de índice que o *Inconsciente* tomou na psicanálise já nada tem a ver com uma substância, nem com os atributos inconscientes descritos por Theodor Lipps, Eduard von Hartmann, ou Pierre Janet.

Recorrendo à filosofia de Kant, que distingue a Coisa-em-si das representações, Freud dirá que o Inconsciente como *Coisa* <*Ding*> é Incognoscível, logo que a ciência e a consciência só podem ter acesso à sua lógica através do *a priori* da *palavra* <*Wort*>.

Mesmo se o Inconsciente pode ser concebido como um real lógico, intemporal ou sempre actual, Freud começa por formulá-lo como uma *hipótese*, necessária e legítima, para quem queira decifrar os seus fenómenos.

De um modo geral, o Inconsciente freudiano é a hipótese de um *saber* desconhecido[32], cujos efeitos de sentido não chegam à consciência, mas são decisivos para a sobrevivência de uma espécie a quem falta o instinto dos animais. Esta suposição é congruente com a existência de um *recalcamento primordial*, constituinte do *núcleo* do psiquismo propriamente humano.

No interior da *primeira tópica*, o Inconsciente é um sistema ligado ao Pré-consciente e ao Consciente. O Pré-consciente é apresentado por Freud como o lugar onde se cria a *representação de palavra*. Esta supõe a linguagem, a qual dá acesso às representações conscientes, mas também àquelas que o Eu censura. O Inconsciente é a *outra cena* do psiquismo onde reside o produto do recalcamento primordial, mas também a *representação de coisa* que não chega à fala consciente. Ele é, pois e também, a instância do aparelho psíquico onde vai sobreviver o resultado dinâmico do *recalcamento secundário*, do veto através do qual o Eu consciente procura manter-se à distância das representações intoleráveis, condenando-se ao *retorno do recalcado*.

Normais ou patológicas, as representações são imagens que se formam no aparelho psíquico, as quais, no caso do ser humano, obedecem ao que distingue radicalmente a sua mente da dos outros animais, aquilo que Freud chama de *representante da representação* <*Vorstellungsrepräsentanz*>[33]. Efectivamente, é o representante que constitui a condição de possibilidade da representação humana, aquela que assenta no diferencial dos *signos*[34] que registam tudo o que se passa no psiquismo, do sistema Percepção-Consciência ao Inconsciente.

Como na *talking cure* o Inconsciente é o discurso no qual o sujeito se trai, a função dos signos freudianos acaba por ser a da própria fala. De facto, sem esta não se poderia escutar o que analisando diz apesar dele, aquilo que rememora e elabora, mas também interpretar o material e as resistências, e construir o fantasma.

A partir de 1920, quando Freud começa a desenvolver a sua *segunda tópica* (Id, Ego e Superego), muitos dos seus discípulos pensaram que abandonava o conceito de Inconsciente. Foi o que aconteceu com todos aqueles que tentaram reduzir a psicanálise a uma pós-educação, onde caberia ao psicanalista o papel do novo pedagogo. Por seu lado, a Psicologia do Ego que Hartmann, Kris e Löwenstein desenvolveram durante o pós-guerra nos Estados Unidos, procurou integrar a psicanálise na Psicologia Geral, por intermédio de um Ego forte, que saberia impor a sua função de síntese e adaptar-se ao mundo ambiente, como os psicanalistas europeus emigrados ao *american way of live*. Melanie Klein e o seus seguidores foram dos poucos que salvaguardaram a parte inconsciente das três instâncias da segunda tópica, mas extraindo quase sempre dela a sexualidade. Só Lacan, no seu *retorno a Freud*, manteve o conceito de Inconsciente, com a sua estrutura de linguagem[35] e realidade sexual.

A PULSÃO

A teoria das pulsões é, por assim dizer, a nossa mitologia
Freud: A Angústia e a Vida Pulsional

Se o Inconsciente é uma *hipótese*, uma *outra cena* que se supõe no psiquismo, a *Pulsão* é algo que se impõe a Freud partir do sintoma do corpo sexuado.

A realidade sexual do ser humano não pode nem deve ser reduzida a um *instinto* <*Instinkt*>. Por esta razão, Freud fala de *pulsão* <*Trieb*>, precisando, primeiramente, que se trata da representação psíquica de uma excitação sexual somática.

Os *Três Ensaios sobre a Teoria da Sexualidade* (1905) referem as deambulações da representação pulsional durante o desenvolvimento psico-sexual a algo de escandaloso para a época vitoriana: ao facto que a libido ou pulsão sexual é *perversa-polimorfa*, aberrante em relação à norma biológica da reprodução, que visa exclusivamente a perpetuação da espécie, e à norma social, dado que a satisfação pulsional é *auto-erótica*.

Da infância à puberdade, a sexualidade do ser humano manifesta-se na forma de *pulsões parciais*, de tendências que se apoiam inicialmente nas partes do corpo envolvidas na relação com o outro que satisfaz as necessidades básicas (de se alimentar, defecar, etc.), transformando-as em *zonas erógenas*. É só com a idade adulta que esta sexualidade, manifesta ou latentemente multifacetada, parece encontrar uma unidade na organização genital. Mas a pulsão sexual total nunca se constituirá, pois existirão sempre prazeres preliminares e não genitais, fixações a objectos (seio, fezes, etc.) já abandonados e regressões a organizações precedentes (oral, anal, etc.)

Servindo-se da distinção schilleriana entre a *fome* e o *amor*, Freud diferenciará também os interesses do indivíduo dos da espécie, distinguindo, para o efeito, as *pulsões de auto-conservação* das *pulsões sexuais*. Esta diferença leva-o, em *Formulações sobre os dois Princípios do Funcionamento Mental* (1911), a associar as pulsões propriamente sexuais ao *princípio do prazer* inconsciente, e as pulsões de auto-conservação ao *princípio de realidade* e ao Eu.

Mas, com *Introdução ao Narcisismo* (1914), Freud volta ao facto de que a *libido* é basicamente sexual, redistribuindo apenas a sua energia pelos objectos externos e o Eu, que mostra, desta maneira, ser também um objecto de amor-próprio. Ao mesmo tempo que a realidade se revela a forma que toma para o sujeito o prazer não alucinado, o narcisismo torna-se fundamental para entender a perda da realidade nas psicoses (ditas *psiconeuroses narcísicas*).

Com a reflexão metapsicológica iniciada em 1914, Freud irá situar mais precisamente a Pulsão *entre* somático e psíquico. Mas é só em 1933 que esclarece um pouco melhor este *campo obscuro* da ciência, ao afirmar que a teoria das pulsões é a sua *mitologia*. Com esta referência à narrativa mítica, Freud indica-nos definitivamente que o estudo da pulsão não diz respeito à biologia, à psicologia e à sociologia (não existe *pulsão gregária,* afirmará na *Psicologia Colectiva e Análise do Eu*).

Contudo, é em 1915, com *As Pulsões e as suas Vicissitudes*, que Freud dá o passo decisivo no esclarecimento do seu *conceito-fronteira*, quando divide a *Pulsão* (sexual) nos seus quatro elementos básicos: a *fonte*, a *pressão*, o *objecto* e o *alvo*.

A *fonte* da pulsão é remetida para a origem biológica da sexualidade, cuja investigação não diz respeito ao psicanalista como tal. Na metáfora da energia quantificável, a *pressão* é a força constante que define a essência da libido, e distingue a unidade de medida que fornece às actividades psíquicas dos ritmos da necessidade natural. Freud alerta, então, para o facto de que há uma mobilidade, uma historicidade e uma viscosidade/plasticidade da libido, mas também que a força de trabalho pulsional se molda pelas leis da linguagem, nomeadamente pelas formas gramaticais. Por exemplo, a pulsão sado-masoquista tem uma *voz activa* (torturar), uma *voz passiva* (ser torturado), e uma *voz reflexiva intermédia* (fazer-se torturar). O *objecto* é aquilo que a pulsão tem de mais vazio ou variável. Sempre substituível, a única condição que deve preencher é de servir de meio para alcançar um fim, o *alvo* da pulsão, que é retorno à origem, de forma a provocar uma alteração do corpo vivo que possa ser experimentada como outra, e mais, satisfação.

Ainda neste texto, Freud fala de quatro dos destinos que pode conhecer a satisfação pulsional em virtude da resistência do Eu. Estuda com algum pormenor o resultado de dois mecanismos de defesa, a *inversão* e a *reversão*, consagra um terceiro e importante artigo ao *recalcamento,* e deixa de lado a misteriosa *sublimação*.

A *reversão* é ilustrada pelas oposições sadismo-masoquismo e voyeurismo-exibicionismo. Estas mostram melhor do que outras a função do objecto da pulsão no quadro que lhe fixa a representação psíquica do fantasma: a de instrumento da satisfação perversa, lugar que pode ser ocupado pelo outro, ou pelo Eu do sujeito.

Estudando, pela via da *inversão* dos afectos, os sentimentos de amor e de ódio, Freud chega à conclusão que o segundo não pode ser simplesmente o contrário do primeiro, que deve haver um ódio logicamente anterior ao amor. É este ódio surgido na reflexão de Freud sobre o amor sexual, que constitui o prelúdio do que virá a chamar alguns anos mais tarde *pulsão de morte <Todestrieb>*.

Com *Para Além do Princípio do Prazer* (1920), Freud introduz definitivamente na psicanálise o dualismo pulsão de vida – pulsão de morte. Se as formações do inconsciente tinham chamado a sua atenção para o retorno do recalcado, as vicissitudes pulsionais conduzem-no agora para o eterno retorno do mesmo como *compulsão de repetição*. Esta vem mostrar que a satisfação pulsional não é unicamente auto-erótica e parcial, mas também contrária a todo o prazer que exclua o desprazer e o sofrimento. Trata-se de uma satisfação que escapa à lógica do vivente, que se opõe à homeostase que regula o organismo e o psiquismo, de um *gozo da dor* que aponta para experiências aparentemente incompreensíveis, como a do *masoquismo fundamental* do ser humano

Fazendo-se, então, o advogado do diabo, Freud mergulha numa nova reflexão metapsicológica, que parte da observação da brincadeira (o jogo dito do *fort/da*) de um dos seus netos, passa pelas neuroses de guerra, a culpa inconsciente, a reacção terapêutica negativa, lança-se na especulação filosófica sobre a vida e a morte, e acaba tropeçando num poema de Rückert que relaciona pecar e escrever. A partir desta data, Freud não parará de escrever sobre o modo como *Eros* se une a *Tanatos*, para através da sua *acção oposta e conjunta*, nascer incessantemente a vida à qual a morte virá pôr termo.

A repercussão que terá esta última versão da teoria das pulsões entre os alunos de Freud será incalculável. À partida, ninguém quis aceitar a existência de uma pulsão de morte, a começar pela sua filha, Anna Freud. Melanie Klein tentou em seguida assimilá-la a um paradoxal *instinto de morte*, que constituiria a base orgânica da *ansiedade* e da *agressividade*. É Lacan que desdramatiza o problema. Para o efeito, explica que o *encontro* do ser sexuado e mortal com a linguagem sujeita a representação humana do real à *ordem simbólica*, ou *automatismo*, que caracteriza a *compulsão de repetição* em Freud. *Pulsão de morte* significa, então, que a vida das palavras e das ideias está para além da vida biológica. Se a pulsão de morte pode também ser apelidada *pulsão de destruição*, é porque a vida da cultura é histórica, implica a negação e a superação do que já lá estava como obra feita, facto que pressupõe sempre a *dominação* *<Bemächtigungstrieb>* da palavra, o seu poder de aniquilar a coisa e de criar a partir do vazio.

O COMPLEXO DE ÉDIPO

Se a psicanálise não tivesse no seu activo
senão a descoberta do complexo de Édipo recalcado,
isso só serviria para a situar entre as mais preciosas
das novas aquisições do género humano.
Freud : Compêndio de Psicanálise

Uma das noções mais célebres que a psicanálise ofereceu ao pensamento contemporâneo foi, sem sombra de dúvida, a de *complexo de Édipo.*

Freud descobriu o seu *complexo de Édipo* em 1897, durante a correspondência íntima que estabeleceu com Fliess[36]. Apesar da precocidade da descoberta, é só em 1919, no seu texto mais elaborado sobre a estrutura e a fenomenologia do fantasma, *Uma Criança é Batida*, que Freud afirma categoricamente que Édipo é o *complexo nuclear*[37] do psiquismo humano.

Podemos descrever o complexo de Édipo, dizendo que é o núcleo de representações essencialmente recalcadas que sobredeterminam as relações típicas da criança com o objecto (mãe) e o obstáculo (pai) do desejo que se gera no quadro da família humana. É ainda neste enquadramento institucional e relacional que pode surgir o que Freud chama de *Édipo invertido*, por exemplo, quando o menino toma o obstáculo do desejo como objecto de amor.

No rapaz, o conflito édipiano tenderá a resolver-se com a identificação ao pai, o abandono sexual da mãe e a escolha forçada de um outro objecto de amor. Esta solução conduz à admissão psíquica da relação triangular, facilita a formação futura de outras famílias e, logo, a até lá comprometida reprodução social e biológica. Na rapariga, dado que o seu primeiro objecto de amor é também a mãe, o percurso é mais sinuoso, levando muitas vezes à instalação duradoira da rapariga na casa de Édipo, que se manifesta pelo seu desejo inconsciente de ter um filho do pai.

De um modo mais geral, o complexo de Édipo é uma espécie de acidente constitucional, que leva Freud a relacioná-lo com a lei de Haeckel, a qual enuncia que a ontogénese é a repetição abreviada da filogénese. Em termos estritamente psicanalíticos, isto significa que Édipo é o destino que cada um cumpre aproximadamente entre os três e os seis anos de idade, mas que recapitula a própria constituição da humanidade, dado que a lei fundamental das sociedades humanas é a proibição do incesto.

Este acontecimento estrutural é narrado por Freud de modo mítico, e em três versões: a que se refere à origem da personalidade psíquica, a que concerne a origem da sociedade humana (*Totem e Tabu*), e a que diz respeito à origem da religião (de Um Pai) como liame básico (*Moisés e o Monoteísmo*). Nesta tripla referência à origem, o complexo de Édipo revela-se, também, como a matriz dos *fantasmas originários*[38].

A construção do fantasma édipiano faz Freud esbarrar com algo que já não deve ser considerado simplesmente como um mito, a saber, o *complexo de castração*. De facto, a castração não é um mito colectivo, ou individual, como não se reduz à angústia do rapaz em perder o seu órgão genital, à inveja do pénis da rapariga, ou à recusa por ambos da diferença anatómica dos sexos. Na verdade, a castração é o nome que Freud dá à falta constituinte do objecto que causa o desejo.

É esta *falta* que o *falo* simboliza para os dois sexos ao nível da vida libidinal, e a *fala* ao nível da sublimação civilizacional. É também esta falta simbólica que o fantasma édipiano não aceita, dado que identifica imaginariamente a mãe incestuosa com a causa real do desejo.

Após a reformulação cronológica da teoria dos estádios do desenvolvimento por Karl Abraham, Melanie Klein procurou aprofundar o problema dos fantasmas originários ao nível do *pré-édipiano*, em particular das *posições* (esquizo-paranoide e depressiva) do bebé nas relações precoces com o objecto parcial clivado (bom/mau seio). Mas o que ficou por explicar e compreender na descrição do seu mundo materno e simbiótico, continuamente actuante da pequena infância à idade adulta, foi a necessária contingência do limite paterno.

A Psicologia do *Self* que começou a vigorar nos Estados Unidos com Heinz Kohut nos anos 60, privilegiou o mito de Narciso ao de Édipo. Defendendo a ideia de um narcisismo normal e positivo, esta nova «psicologia» fez passar para um plano imaginário, não estrutural, a relação com o Outro sem o qual toda a posição narcísica do sujeito na relação de objecto seria inconcebível.

Por sua vez, Lacan apresentou o complexo de Édipo como a *metáfora paterna* através da qual Freud deu forma épica a um efeito da estrutura: a substituição da Coisa pela Palavra. De facto, é a linguagem que permite sobrepor as alianças sociais ao reino da natureza, entregue ao acasalamento e à consanguinidade; é também ela que confere ao pai real a função simbólica da castração, que separa a criança do *Desejo da Mãe* por intermédio da *significação fálica*; assim como é ela que permite atribuir ao que a religião do Deus que fala chama o *Nome-do-Pai,* o poder da nomeação e criação *ex nihilo.*

O MAL-ESTAR NA CIVILIZAÇÃO

Inclino-me diante da objecção que não trago nenhuma consolação. Pois, é isso que todos querem, os revolucionários mais selvagens de um modo não menos apaixonado que os mais bravos piedosos.

Freud : Mal-Estar na Civilização

Mal-Estar na Civilização (1929) é um texto escrito por Freud para rasgar o véu de todas as ilusões. Não há nada que aqui resista: nem a crença, o ascetismo e os cerimoniais religiosos, nem os ideais inatingíveis e enganadores da política, nem o proselitismo do pedagogo, nem a partilha interessada da fantasia artística, nem o rigor quase paranóico da ciência.

Específica do ser humano, a *Civilização* <*Kultur*> é o resultado da substituição do instinto pela Lei (linguagem, pai édipiano). Perdida deste modo a relação directa com o que seria a pura natureza, a história da civilização mostra os caminhos que os homens e as mulheres foram seguindo, mediante o que lhes foi proibido e consentido, das circunstâncias e das mudanças tecnológicas.

Civilização é ainda tudo (da vergonha ao pudor, do trabalho ao lazer, da beleza à ordem, do crime ao castigo) o que a humanidade criou para se proteger do sofrimento causado pela deterioração do corpo, as dificuldades do mundo e os défices das relações sentimentais e intelectuais. Ela reflecte finalmente o que cada ser humano tenta para ultrapassar, através de todos os meios ao seu alcance, inclusive a crueldade e a morte, o desejo interdito que resulta da perda originária.

Foi a guerra de 1914-18 – onde se misturaram mentiras oficiais, valores heróicos, espírito de sacrifício e barbárie – que melhor mostrou a Freud o real que os europeus mais civilizados gostariam de esquecer, o da pulsão de morte, na sua íntima relação com o sintoma que a sublimação não conseguiu reduzir a zero. *Mal-estar na civilização* pode, então, traduzir-se por *sintoma na sublimação.*

Mal-Estar na Civilização é também um tratado de ética, no qual se pode ler como a psicanálise se afasta das morais antigas e modernas. Com efeito, a psicanálise não pauta a sua acção pelo Soberano Bem, o amor a Deus e ao próximo, o utilitarismo burguês, a esperança comunista da partilha da propriedade, ou, até mesmo, pela nova forma de imperativo categórico que o Supereu impõe ao Eu.

A ética da psicanálise é um modo específico de se deixar guiar pelo que há de mais real para o ser humano, esse inominável que Freud chama *Isso* (após Groddeck), mas que o sintoma pós-analítico identifica ainda melhor.

Razão pela qual a clínica psicanalítica apenas se poderá manter como nova ética, enquanto não desistir de bem-dizer aquilo que, ao nível de cada sintoma, é o *suplemento de gozo* (termo que traduz o *Lustgewinn* de Freud e o *plus-de-jouir* de Lacan).

UM PASSAPORTE PARA O FUTURO

Este lugar faz languescer o próprio Ser. Chama-se gozo,
e é aquilo cuja falta tornaria o universo vão.
Lacan: Subversão do sujeito e dialéctica do desejo

Não se pode reduzir o futuro da psicanálise à modificação do artifício poltrona-divã, à mudança das categorias psicopatológicas, à defesa do exercício da profissão por homossexuais, ou à exportação da sua técnica para a China[39].

O futuro da psicanálise estando estruturalmente ligado aos fins que decorrem do seu único princípio e meio de acção, a questão preliminar que se deve colocar a este respeito, é a de saber «o que entendemos por termo de uma análise?».

É no testamento intitulado *Análise Terminável e Interminável*, que o inventor da psicanálise aborda este problema com mais rigor. Em primeiro lugar, Freud interroga se quando falamos de *fim da análise* nos estamos a referir a um fim externo (pedidos sociais de encurtar o tempo do tratamento, desaparecimento ou morte de um dos parceiros, tentativa de assassinato da própria psicanálise, etc.), ou a um fim interno (fim psicoterapêutico, fim didáctico). É sobretudo quando se trata de formar um analista, que a análise deve ser conduzida para além da meta imposta pelo princípio do prazer, até uma região inóspita onde a pulsão impõe ao Eu coisas que lhe são pouco agradáveis. Se Freud insiste sobre esta tecla, é porque sabe que todos os seus alunos tinham decidido eliminar a pulsão de morte da psicanálise. Como a análise não se faz face à morte, nem com um morto, conclui que aquilo que todos efectivamente rejeitam é a *castração*, e que, por isso, mais vale voltar de vez em quando ao divã.

O interminável das análises abre a porta aos conflitos entre analistas e às crises institucionais, como podemos observar na história da psicanálise, pelo menos desde a fundação da Associação Psicanalítica Internacional (IPA), em 1910, e a demissão do seu primeiro Presidente, Jung, quatro anos depois. Esta situação agrava-se ainda, quando a IPA se transforma naquilo que Lacan chamou a SAMCDA, a Sociedade de Assistência Mútua Contra o Discurso do Analista.

Para dissipar minimamente a confusão que reina sobre esta questão, devemos destinguir o fim da análise como interrupção, pausa ou objectivo, do seu fim como conclusão lógica.

A análise só é interminável se a pensarmos como uma infinita exploração do inconsciente. Porque mesmo depois de cumprido o objectivo psicoterapêutico existe sempre um sonho, ou um lapso, para interpretar, muitos pós-freudianos continuaram a promover essa auto-análise disfarçada, sob controle ou supervisão, que é a *análise da contra-transferência*, a análise das resistências do analista à análise, ou a análise do descontrole do seu Eu face ao inconsciente do analisando.

Ora, como a contra-transferência não designa nada que não esteja incluído no complemento que o (desejo do) analista traz ao sintoma do analisando enquanto *sujeito suposto saber* e *objecto* de amor, a análise continua a ser análise da transferência. Isto, se o analista estiver preparado para exercer a profissão com outros meios que não os dos seus sentimentos e (pre)conceitos, o que acontece forçosamente se sua análise foi levada até às últimas consequências.

É para três das conclusões lógicas que se podem retirar do único princípio da *talking cure* que Lacan chamou a atenção. Entre os anos 50e 60, partindo da *função e campo da fala e da linguagem* sob transferência, Lacan lembrou que o sintoma analisável é o significante do significado recalcado pela consciência, por conseguinte que cabe à interpretação analítica extrair este significante das imagens mórbidas, afim de anular o sofrimento que ficou associado ao pedido de ajuda e de amor endereçado ao analista. A solução significante conduz aqui à dissolução do sintoma; é ela que permite ao desejo censurado de superar as particularidades idiossincráticas e realizar-se na dimensão universal da comunicação. O fim do diálogo analítico é, então, concebido como reconhecimento, pelo Outro e pelo sujeito, da indestrutibilidade do desejo que os relaciona.

Entre os anos 60 e 70, Lacan abandona progressivamente o tema do reconhecimento histórico-dialéctico do desejo, para estudar mais rigorosamente a estrutura da representação significante e a lógica do fantasma. A definição psicanalítica do significante como *o que representa o sujeito para um outro significante*, permite conceber o sujeito do inconsciente como sujeito vazio, cujo ser apenas vem à fala barrado ($). Nesta nova axiomática, já não é o reconhecimento do Outro que é o objecto do desejo, mas o ser que falta ao sujeito. Perante a miragem da união do sujeito dividido e do seu ser em queda, a análise visará construir o fantasma fundamental, de modo a poder atravessar o écran com que este encobre o real do objecto perdido, verdadeira causa do desejo. Para além da castração simbólica, o fim lógico da análise é, então, pensado como separação real entre o sujeito do significante e o objecto do fantasma que fixava imaginariamente para ele a unicidade do seu ser.

É o sentido deste ser que Lacan vai assediar a partir dos anos 70, reinterrogando o gozo sem o qual o universo seria vão. O gozo é algo que se encontra presente desde o começo do ensino de Lacan, mas que por razões diversas não é colocado no primeiro plano até esta data.

Assim, podemos encontrá-lo na captação jubilatória da imagem especular (*O Estádio do Espelho*)[40], no que permanece interdito a quem fala (*Subversão do Sujeito e Dialéctica do Desejo*)[41], na origem mítica e procura heróico-trágica da Coisa (*Seminário VII*)[42], na estranheza familiar da angústia (*Seminário X*)[43], nos produtos de consumo como a arte (*Seminário XI*)[44] ou na heterogeneidade do objecto (a) no interior dos laços sociais tecidos pelos Discursos (*Seminário XVII*)[45].

A grande novidade desta terceira época vai consistir no seguinte: enquanto o reconhecimento do desejo e a representação significante se encontravam na dependência do Outro da intersubjectividade e do código, o gozo é gozo de Um só.

Sempre fiel ao princípio da *talking cure*, Lacan vai levá-lo agora até às suas derradeiras consequências, concluindo que, para cada um, o significante não tem só efeitos de sentido <*sens*>, mas também de gozo <*jouissance*>.

Esta conclusão permite enlaçar de outro modo o sintoma freudiano – *signo e substituto da satisfação pulsional que não ocorreu*[46] – à sublimação como *satisfação da pulsão*[47]. Um termo forjado na leitura de Joyce – o *sinthoma* <*sinthome*>-, deixa entender como o sintoma-signo se une à criação que a linguagem propicia.

Sem entrar na topologia e clínica do *sinthoma* elaboradas por Lacan nos últimos anos do seu ensino, podemos dizer que a pequena diferença gráfica, não fonética, introduzida na palavra *sintoma*, permite destrinçar entre o sintoma como mensagem endereçada ao Outro da transferência, logo interpretável e analisável, do sintoma sem Outro, inintrepretável e inanalisável.

O *sinthoma* não é o sujeito do significante, mas o *sujeito do gozo*, como Lacan lhe chamou um dia, para o diferenciar daquele que está submetido à lei da linguagem e do pai édipiano. Mas como falar de sujeição à lei a este propósito é uma *contradictio in adjecto*, Lacan preferirá referir a suposição do gozo ao corpo.

O gozo é gozo do corpo pulsional. Este não se reduz ao corpo biológico, nem ao corpo dito *próprio*. Trata-se do corpo que se é, ou se tem, mas enquanto forçado a incorporar o *elemento* significante, e a gozar, parcialmente, da sua *substância*.

Evocar a *substância* a propósito do significante, é separar-se definitivamente da sua definição formal e diacrítica. Com efeito, Lacan deixará de conceber a linguagem segundo o modelo da estrutura dos linguistas, para ver nela o *aparelho do gozo*[48].

O erro anterior fora de pensar que a linguagem servia sobretudo para reconhecer, representar, comunicar ou tornar comum. Não se trata mais agora de relembrar que a linguagem é um péssimo instrumento de referenciação, mas de insistir sobre o facto que é um excelente meio de gozo.

O significado sendo sempre um efeito do significante, a linguagem permanece o que condiciona o sentido que o sujeito pode dar aos pequenos nadas da vida[49]. Mas *o sentido do sentido é o gozo <le sens du sens c'est la jouis-sens>*.

Há um gozo da língua que não se insere nas cadeias significantes, que não entra em nenhuma dialéctica com o Outro (sexo), mas que se sente. Podemos encontrar este gozo sentido por todo o lado: no *babyish,* na interpretação delirante, no tagarelar que anima as conversas quotidianas, na associação livre verbal.

No entanto, não é a matéria sonora, mas a matéria muda, literal, da escrita que melhor ilustra as inscrições não-subjectivas do significante na carne, os seus efeitos acéfalos de gozo. Relativamente a estas impressões corporais, Lacan prefere falar de *signo* em vez de significante. Se o significante representava o sujeito esvaziado do seu ser, o signo (re) apresenta este ser para além da mortificação significante, como acontecimento do corpo.

Dado que a incorporação dos signos se faz num corpo, o gozo só pode ser singular, *sinthomático*, ou seja, cada um goza à sua maneira. Com este último suporte de todas as identidades e diferenças, atingimos o incurável do *parlêtre*[50] que é o OMEM <*LOM*>[51].

Para além da *travessia do fantasma*, Lacan evocará, então, o fim da análise como *identificação ao sinthoma*, precisando que se trata de haver-se com o seu real, ou de saber lidar com o que este tem de *insuportável.*

Mas é a modalidade lógica do real como *impossível* que explica que o gozo do sinthoma não se pode partilhar, logo que os analisados não conseguem submeter-se a um Amo, ou a um

Mestre, não podem esposar o sentido comum que deve inspirar a lei do grupo, nem o bom senso com que opera a sugestão.

Um a Um, os analistas podem constituir uma série, mas não uma família, e ainda menos uma Sociedade. O melhor que lhes pode acontecer é de formarem um colar de diamantes, de pedras brutas que só se tornarão preciosas depois de um árduo e específico trabalho, que inclua o furo por onde passa o fio que ata.

Não há só a formação do *sinthoma*. Quando interessa também a formação do analista, cada analisado deve poder testemunhar aos seus pares da sua solidão *sinthomática*, não para que um Outro qualquer possa escutar a anedota de uma vida, mas afim de que o Outro analítico possa constatar que há Um. Outro este que deve ser inconsistente e incompleto, a quem falta sempre (saber o que é) Um analista.

Uma Escola de psicanálise digna deste nome necessita dos testemunhos destes Uns *sinthomáticos*, para poder garantir publicamente o futuro analista; mas também para contar com a *transferência de trabalho* dos *menos-uns* que se tornaram *mais-uns*, ou seja, com o saber analítico que poderão inventar os *Analistas da Escola*.

É para sair do impasse da hierarquia e do *gradus* dos analistas da IPA, que Lacan criou uma base de operações para a reconquista do campo freudiano, propôs um dispositivo para verificar o termo (fim e *password*) de cada análise, o *passe*, e pô-lo a funcionar na sua Escola[52], o que não deixou de provocar outras resistências à psicanálise, resistências com as quais se confrontará ainda o século XXI.

BIBLIOGRAFIA

A obra de Freud, traduzida actualmente em 30 línguas, é composta por 24 livros, 123 artigos e 5.000 cartas já encontradas. Existem duas edições ditas «completas», os *Gesammelte Schriften* e as *Gesammelte Werke* (obra de referência, publicada primeiramente em Londres e, depois, em Frankfurt). No entanto, a única edição crítica continua a ser a *Standard Edition of the Complete Psychological Works of Sigmund Freud*, publicada por James Strachey. Roger Dufresne recenseou ainda os 23 artigos que Freud escreveu entre 1877 e 1886, não integrados nas Obras, por serem considerados pré-analíticos.

Mesmo se existe uma *Edição Standard Brasileira das Obras Psicológicas Completas de Freud* (24 vols., Imago, Rio de Janeiro, 1977), a obra de Freud não está traduzida em Portugal, encontrando-se apenas disponíveis entre nós alguns dos seus livros e artigos. Podemos encontrar actualmente:

Freud, S. (1970). *A Interpretação das Afasias*. Edições 70, Lisboa.

Freud, S. (1988-89). *A Interpretação dos Sonhos*. 3 vols. Pensamento, Lisboa.

Freud, S. (1990). *A Psicopatologia da Vida Quotidiana*. Relógio de Água/ Círculo de Leitores, Lisboa.

Freud, S. (1990). *Uma Recordação de Infância De Leonardo Da Vinci*. Relógio de Água/Círculo de Leitores, Lisboa.

Freud, S. (1990). *Moisés e a Religião Monoteísta*. Relógio de Água, Lisboa.

Freud, S. (1991). *Esquecimento e Fantasma*. Assírio & Alvim. Lisboa.

Freud, S. (1994). *Textos Essenciais da Psicanálise*. 4 vols. Publicações Europa--América, Mem Martins.
Freud, S. (1995). *Delírio e Sonho na Gradiva de Jensen*. Gradiva, Lisboa.
Freud, S. (1998). *Escritos sobre o Judaísmo*.Vega, Lisboa.
Freud, S. e Einstein, A (1997). *Porquê a Guerra?*. Edições 70, Lisboa.

Estão também acessíveis em Portugal obras de introdução à psicanálise como:

Robert, M. (1968). *A Revolução Psicanalítica*. Moraes Editores, Lisboa
Jones. E. (1977). *O Que é a Psicanálise*. D. Quixote, Lisboa.
Dadoun, R. (1986). *Freud*. Publicações D. Quixote, Lisboa.
Doron, R (1979). *Elementos de Psicanálise*. Editorial Estampa, Lisboa
Laplanche, J e Pontalis, J-B. (1990). *Vocabulário de Psicanálise*. Editoral Presença, Lisboa.
Anzieu, D (1990). *A Auto-Análise de Freud e a Descoberta da Psicanálise*. 2 vol. Edições 70, Lisboa.
Lagache, D. (1990). *A Psicanálise*.Teorema, Lisboa.
Perron, R. (1998). *História da Psicanálise*. Colecção RésEditora, Lisboa.
Roudinesco, E e Plon, M. (2000). *Dicionário de Psicanálise*. Inquérito, Lisboa.

Entre os livros de psicanalistas portugueses podemos destacar:

Dos Santos, J. (1988). *A Neurose de Angústia*. Publicações Europa-América, Lisboa.
Amaral Dias, C. (1988). *Para uma Psicanálise da Relação*. Afrontamento, Porto.
Martinho, J. (1° ed. 1997 / 2ª d. 1999). *A Minha Psicanálise*. Fim-de-Século, Lisboa.
Luzes, P. (1997). *Cem Anos de Psicanálise*. ISPA, Lisboa.

NOTAS

[1] Mergulhando num passado bastante anterior aos Tempos Modernos inaugurados por Galileu e Descartes, uma destas linhas parte dos mitos, ritos e purgas dos povos primitivos, prossegue pela interpretação profética e premonitória dos sonhos, a confissão religiosa do pecado, e chega ao discurso psicoterapêutico sobre a verdade do sexo (Krafft-Ebing, Albert Moll, etc.).
Esta linha cruza-se com uma outra, que começa nas formas políticas e educativas da sociabilização do corpo nas culturas que foram berço da civilização ocidental, passa pelas relações da força com o direito, e termina no ideal de liberdade, igualdade e fraternidade da Revolução Francesa, ilustrado neste caso por Pinel, que ao retirar as correntes aos loucos enclausurados os humaniza.
Outro dos fios importantes desta complexa rede, é o filosófico, literário e artístico. Tem seu início nos fragmentos pré-socráticos (Empédocles), a *Odisseia* de Homero, o *Édipo-Rei* Sófocles e o *Banquete* de Platão, segue pela literatura latina (Virgílio), as pinturas de Luca Signorelli e de Leonardo da Vinci, o *Moisés* de Miguel-Ângelo e as peças de Shakespeare (em particular *Hamlet*), continua pela filosofia crítica de Kant e a visão Romântica do mundo (Schelling), a *Gradiva* de Jensen e os *Irmãos Karamazov* de Dostoïewsky, atravessa o pensamento de Schopenhauer e Nietszche, mas fica enredado no estilo e exemplo de Goethe (Freud, que era um excelente escritor, recebeu o prémio Goethe em 1930, na época o equivalente do Nobel para a língua alemã).
A importância que terá a *ciência da natureza* <*Naturwissenschaft*> na formação universitária de Freud, permite também traçar uma outra linha, que vai ligar o princípio da constância energética (Fechner) dos sistemas físicos isolados ao estudo do organismo no seu meio ambiente (Darwin, Lamarck), ao modelo

teórico do arco reflexo e ao apuramento do papel central do córtex na coordenação do comportamento humano (Hitzig, Fritsch, Ferrier, Gall e outros). Ainda na linha geral fornecida pela evolução das espécies de Darwin, será Hughlings Jackson que influenciará a concepção funcional que Freud fará do sistema nervoso, oposta às visões estáticas de Broca, Wernicke, Meynert e Lichtheim; esta concepção levará também Freud, no seu estudo sobre as afasias, a sublinhar o primado da linguagem no aparelho psíquico humano, na medida em que sem ela não haveria a possibilidade de verbalizar as ideias e proceder ao seu estudo (tema da psicologia associacionista de Mill a Herbart). Finalmente, à fama adquirida na Europa pelo médico vienense Mesmer e o seu magnetismo, viria juntar-se a ambição do judeu Freud, que procuraria igualar a reputação de Charcot, Liébeault e Berheim na compreensão da histeria.

[2] Primeiro filho de um terceiro casamento, o seu pai, Jacob Freud, aparentava ser seu avô, enquanto a sua mãe, Amalia, tinha praticamente a mesma idade dos seus meios-irmãos Emmanuel e Philipp.

[3] *É preciso não esquecer*, avisa Freud num dos seus últimos textos, *que a psicanálise se funda no amor à verdade*. Freud costumava falar da psicanálise como uma *criança ilegítima,* fruto do seu amor pela verdade. Ao nível da anedota, ouvira dizer a Charcot que a histeria era devida à *coisa genital*, e a outros, como o ginecologista Chroback, que a histérica podia ser curada com *penis vulgar, bis repetitur* (pénis vulgar duas vezes por dia). Contudo, por ignorância científica e preconceito moral, nenhum médico e investigador ousava publicar sobre a antiga intuição que associava a histeria a problemas sexuais, como nenhum ousava defender publicamente a pequena verdade que evocavam em privado de modo jocoso.

[4] Freud foi, também, alguém que soube atravessar sozinho o deserto, e, em seguida, arrastar consigo muita gente. Além de todos os que se empenharam directamente na experiência da psicanálise, a sua obra teve efeitos incalculáveis sobre o pensamento contemporâneo. São prova disso a etnologia (Roheim, Malinowski, Moscovici, Lévi-Strauss), a entnopsiquiatria (Georges Devereux), o culturalismo (Margaret Mead, Ralph Linton, Erik Erikson, Eric Fromm,

Karen Horney, etc.), o freudo-marxismo (Reich, Marcuse, Bloch, Althusser), a sociopsicanálise (Gérard Mendel), o estudo da mitologia grega (Jean-Pierre Vernant), o pensamento religioso (O. Pfister), a história (Michel de Certeau, Michel Foucault), a teoria do direito (Pierre Legendre), a psiquiatria (largamente influenciada pela psicanálise pelo menos até ao começo da psicofarmacologia), a psicossomática (P. Marty, M. Fain, M. M'Uzan, Sami-Ali), a psicologia (genética, do desenvolvimento, do aconselhamento, da aplicação de testes como o Rorschach, etc.), a psicoterapia (sexologia, grupanálise, terapias breves, psicodrama, terapia familiar, etc.), a educação (inúmeros pedagogos inspiraram-se nas descobertas psicanalíticas), a estética (Mario Perniola, Harold Bloom, Gérad Wajcman, François Regnault, Hal Foster), a literatura (Romain Rolland, Thomas Mann, Arnold e Stefan Zweig, assim como uma extensa lista de autores e de escolas desde o Surrealismo), o cinema e o teatro (Pabst, Huston, Hitchcok, Pasolini, Woody Allen, Raoul Ruiz, P. Chereau, etc), o ensaio e a crítica (Roland Barthes, Jean Starobinski, Alain Grosrichard, Cornelius Castoriadis, Elisabeth Badinter, Catherine Clément, Slavoj Zizek e muitos outros, como Eduardo Lourenço), a filosofia (a maioria dos filósofos após Freud tomaram partido por ou contra a psicanálise), a epistemologia (Gaston Bachelard), a linguística (Roman Jackobson, Émile Benveniste, Jean-Claude Milner), etc, etc, etc.

[5] Cfr. a tradução, apresentação e comentário deste manifesto da epistemologia freudiana por Assoun, P-L. (1980). *Freud: L'Intérêt de la psychanalyse* . Retz, Les classiques des sciences humaines, Paris.

[6] A primeira ciência não psicológica da lista que Freud estabelece neste texto é a da linguagem. Não tendo tido acesso às teses do *Curso de Linguística Geral* (1906-1911) de Ferdinand de Saussure, Freud refere-se ao filólogo Hans Sperber, já anteriormente citado, juntamente com Karl Abel, no seu artigo sobre *Os Sentidos Opostos das Palavras Primitivas* (1910). As obras destes dois autores levam-no a encarar a linguagem de um modo pré-linguístico, como transcrição de uma necessidade, ou tradução de uma forma de expressão numa outra. Assim, a função simbólica e significativa concerne não só a fala e a escrita, mas também a linguagem dos gestos, dos sentimentos e dos pensamentos. É a *linguagem do sonho* e os *idiomas* do sintoma – os quais se devem decifrar

<*Entzifferung*> como uma *escrita ideográfica* ou um *criptograma* - que vão sobretudo mostrar que Freud se interessa pela estrutura significante das formações do inconsciente.

[7] São as *Ideias acerca de uma Psicologia Descritiva e Analítica* (1894) de Wilhelm Dilthey que problematizam no pensamento de língua alemã a distinção entre os factos observáveis que as ciências empirico-formais descrevem e explicam, e a compreensão do sentido global dos fenómenos que as ciências sociais e humanas analisam. Esta dimensão não biológica do sentido será retomada no conceito de *intencionalidade* de Franz Brentano, de onde passa para Freud, Husserl, Heidegger, Jaspers e Biswanger.

[8] O preconceito *intelectual,* que confundia psiquismo e consciência; e o preconceito *estético-moral*, que recusava admitir a importância da sexualidade, tanto na etiologia das psiconeuroses, como nas mais elevadas manifestações do espírito humano. Freud considera, no entanto, que a opinião popular e a arte se oposeram muitas vezes a estes preconceitos.

[9] Freud, S. (1933). *Une difficulté de la psychanalyse*, in *Essais de psychanalyse appliquée.* Idées-Gallimard, Paris.

[10] Freud, S. (1971). *Le traitement psychique,* in *Résultats, idées, problèmes.*V-I, PUF, Paris, p. 2. Na 1ª lição da *Introdução à Psicanálise*, Freud reafirma que *o tratamento psicanalítico apenas comporta uma troca de palavras.* E explica: *com as palavras um homem pode tornar feliz o seu semelhante, ou levá-lo ao desespero, e é com a ajuda das palavras que o professor transmite o seu saber ao aluno, que o orador entusiasma o auditor e determina os seus juízos e decisões. As palavras provocam emoções e constituem para os homens o meio mais geral de se influenciarem reciprocamente. Não procuremos, por conseguinte, diminuir o valor que podem ter as palavras na psicoterapia.*
[11] Freud, S e Breuer, J. (1956). *Études sur l'hystérie.* PUF, Paris, p.21

[12] Na Conferência 17 da *Introdução à Psicanálise* Freud destingue entre *sintomas típicos* e *sintoma individualizado.* A relação entre o nome próprio do sintoma individual e a categoria psicopatógica pode ser estudada com alguma pertinência nos casos clínicos apresentados nas *Cinco Psicanálises*: «Dora» (1905)

para a histeria, o «Homem Dos Ratos» (1909) para a neurose obsessiva, o «Pequeno Hans» (1909) para a fobia, o «Presidente Schreber» para a paranóia, e o «Homem Dos Lobos» (1914) para a *neurose infantil*, assim como para a *discussão de todos os resultados e problemas da psicanálise.*

[13] Termo que Octave Manoni preferiu ao de *auto-análise*, dado que Freud concluiu que esta era *impossível*. Na realidade, a auto-análise é a negação da análise, que não se pode fazer sozinho como uma introspecção, pois exige a presença de um suposto analista (o que Breuer e Fliess representaram para Freud). Cfr. Manoni, O. (1967). In *Clefs pour l'imaginaire*, Paris, Seuil.

[14] Este traumatismo não supõe forçosamente um acontecimento externo catastrófico, como no caso das neuroses de guerra, ou de um desastre ferroviário. O traumatismo psíquico descoberto por Freud processa-se em dois tempos (infância e idade adulta), sendo o segundo que confere retrospectivamente ao primeiro a sua significação traumática. O trauma pode também derivar de toda uma série de pequenos acidentes, e partir do insignificante, como algo que se viu ou ouviu sem compreender, uma pequena alusão, etc. De um ponto de vista estrutural, podemos dizer que são os efeitos da linguagem sobre o corpo sexuado que traumatizam por excelência o ser humano.

[15] op. cit, p.247

[16] Freud, S. (1989). In *Textos Essenciais de Psicanálise*, vol. III, Publicações Europa--América, Lisboa, p.127.

[17] Freud, S. (1985). In *Résultats, idées, problèmes*, vol. II, PUF, Paris, p.263.

[18] *Somos todos doentes*, escreve Freud em *Os Caminhos para a Formação de Sintoma*, para precisar que a normalidade é a neurose. Como as pré-condições de formação do sintoma são comuns a todos os seres humanos, a anormalidade psicótica, ou perversa, é apenas uma questão estatística. O que a análise tenta, é que o sujeito possa devir o que teria sido, sem nenhum tratamento, em condições de vida mais favoráveis.
[19] Freud, S. (1985). *Constructions dans l'analyse*, in *Résultats, idées, problèmes*, II, PUF, Paris.

[20] Poder-se-á estudar esta diferença nas conferências n.º 17 e n.º 23 da *Introdução À Psicanálise.*

[21] Freud, S. (1972). *Introduction à la psychanalyse*, Conf nº 27, op. cit. p.422.

[22] *A Interpretação dos Sonhos* foi posta à venda por Franz Deuticke em 4 de Novembro de 1899, numa edição de 600 exemplares, que demorou oito anos a esgotar-se.

[23] Os cientistas de ontem e de hoje dizem o mesmo sobre este assunto. No tempo de Freud, acreditavam que os sonhos eram um fenómeno orgânico, ou um reflexo psíquico do que se passava no corpo, por exemplo o resultado de uma má digestão. Actualmente, afirmam que o sonho tem uma função neurobiológica de regeneração, e uma função cognitiva de activação da memória e programação de conhecimento, mas que não tem o mínimo sentido. Explicam, ainda, como o sonho se forma nas relações entre o sistema límbico, o hipocampo e o cortex cerebral, ou através das conexões entre a rede neuronal, as imagens e os pensamentos, mas não se interessarem minimamente pela forma e o conteúdo do que conta o sonhador.

[24] Freud, S. (1989). *A Interpretação dos Sonhos.* V-II, Pensamento, Lisboa, p.102.

[25] Como o sintoma, são estas formações (esquecimentos, lapsos, actos falhados, chistes, etc.) que Freud estuda pormenorizadamente nos dois outros livros inaugurais onde apresenta a descoberta do Inconsciente, *A Psicopatologia da Vida Quotidiana* (1901) e *O Dito Espirituoso <Witz> e a suas Relações com o Inconsciente* (1905). Acrescente-se, no entanto, que o sintoma difere das fulgurantes formações do inconsciente pela sua permanência e constância.

[26] Vários kleinianos vieram a conceber esta figurabilidade como a encenação própria do psicodrama interno. Mas o importante é entender que uma tal encenação se apoia na *condensação* e no *deslocamento*, equivalentes do que a antiga retórica chamava de *metáfora* e *metonímia* (Lacan).

[27] No prefácio à segunda edição da *Traumdeutung*, Freud escreve que se apercebeu retrospectivamente da significação pessoal desta obra científica: que o

livro era a resposta do inconsciente ao *acontecimento mais importante, à perda mais dilacerante da vida de um homem*, a morte do pai.

[28] Freud, S. *A Interpretação dos Sonhos*.V-I, op. cit. p. 111 e sg. Este sonho foi o primeiro que Freud afirma ter conseguido interpretar até ao fim. A fórmula triádica da *trimetilamina* fornece aí a estrutura significante de todos os sonhos (cfr. Lacan, J. (1978). *Le Séminaire, livre II*. Seuil, Paris; Anzieu, D. (1988). *A Auto.Análise de Freud e a Descoberta da Psicanálise*. Edições 70, Lisboa; AAVV (1996). *Cem Anos sobre o Sonho*, Actas da 1ª Jornada do Centro de Estudos De Psicanálise, Edições Universitárias Lusófonas, Lisboa).

[29] Freud diz-nos que a regressão onírica pode ser *formal*, até formas primitivas de expressão. Ela pode também ser *tópica*, por exemplo, até ao Inconsciente como lugar psíquico; e *temporal*, quando repassa pelas recordações e fantasias daquilo que se teria passado num estádio anterior do desenvolvimento. Neste último caso, Freud pôde ver no sonho uma tentativa de regressão alucinatória e narcísica ao passado intra-uterino que o sono recriaria.

[30] Freud, S. *A Interpretação Dos Sonhos*, v. II, op. cit. p.149 e sg. (a tradução portuguesa fala de *doente engenhosa*, a brasileira de *bela açougueira*).

[31] op. cit. v-III, p.108.

[32] Na 6ª Conferência da *Introdução à Psicanálise*, a propósito dos pensamentos inconscientes do sonho, Freud diz que o sujeito *os conhece sem os saber; ou que não sabendo que os sabe, acredita ignorá-los*. No «Homem dos Lobos», referindo-se ao fantasma originário, inconsciente, Freud evoca um *saber difícil de definir*, comparável ao *saber instintivo* dos animais.

[33] O exemplo mais esclarecedor encontra-se no artigo O *Inconsciente* (1915), onde Freud afirma que *uma pulsão nunca pode tornar-se objecto da consciência – só o representante-representativo o pode. Mais ainda, no inconsciente uma pulsão só pode ser representada por um representante.*

[34] Freud, S. (1979). *La Naissance de la Psychanalyse*, carta n.º 52 a Fliess, p. 154:

o que há de essencialmente novo na minha teoria, é a ideia de que a memória não se apresenta de uma só vez, mas por intermédio de diversos signos <Zeichen>.

[35] Com o aforismo *o inconsciente está estruturado como uma linguagem,* Lacan indica que o inconsciente freudiano é uma estrutura formal, uma forma vazia tão estranha às imagens como o estômago aos alimentos que o atravessam, mas que impõe as suas regras às representações e aos afectos. Se o Pré-consciente é o léxico individual em que cada um acumula os significantes da sua história, estes só vêm a adquirir um significado para o Consciente na medida em que o Inconsciente organiza este significado segundo as leis da linguagem, ou do discurso.

[36] Na carta de 15 de Outubro de 1897 a Fliess, Freud escreve: *Encontrei em mim, como por toda a parte, sentimentos amorosos em relação à mãe e de ciúme a respeito do pai.* E, evocando o efeito cativante que o *Édipo-Rei* de Sófocles tem sobre o público, afirma: *todo o espectador foi um dia, em germe, em imaginação, um Édipo.*

[37] Freud, S. (1991). *Uma Criança é Batida,* in *Esquecimento e Fantasma.* Assírio & Alvim, Lisboa, p.52.

[38] Os fantasmas originários – cenas primitivas, de sedução e de castração não são apenas representações pré-históricas que vêm preencher as lacunas da verdade histórica do indivíduo. São complementos imaginários que procuram esvaziar o vazio introduzido no real pelo trauma que terá estado no começo da humanidade: o assassinato e incorporação canibal do Pai da horda primitiva (Freud); ou a encarnação (na instituição familiar) e representação (na realidade psíquica), pelo agente efectivo da proibição do incesto, do inter-dito que a linguagem impõe ao ser sexuado condenado a falar (Lacan).

[39] Propósitos proferidos recentemente por E. Roudinesco nos *États Généraux de la Psychanalyse* (*Le Monde,* 9 de Julho de 2000).

[40] Lacan, J. (1966). *Écrits.* Seuil, Paris, p. 93

[41] Lacan, J. ibid, p.793.

[42] Lacan, J. (1986). *L'éthique de la psychanalyse.* Seuil, Paris.

[43] Lacan, J. (1962-63). *L'angoisse.* (inédito).

[44] Lacan, J. (1973). *Les quatre concepts fondamentaux de la psychanalyse.* Seuil, Paris

[45] Lacan, J. (1991). *L'envers de la psychanalyse.* Seuil, Paris.

[46] Freud, S. (1951). *Inhibition, symptôme et angoisse.* PUF, Paris, p.7

[47] Freud, S. (1990). *Uma Recordação de Infância de Leonardo da Vinci.* Relógio de Água, Lisboa, p.31 e 35. Freud afirma aí que a pulsão sexual é dotada de sublimação, a qual subtrai a libido ao destino do recalcamento.

[48] Lacan, J. (1975). *Encore*, Seuil, Paris.

[49] O *sentido* <*Sinn*>, como chega da filosofia alemã ao pensamento francês do final dos anos 40, é algo que transcende a vida biológica, e psicológica, remetendo para o que uns chamam *Deus* (Gabriel Marcel, Theillard de Chardin, etc.), outros o *Ser* dos entes (os heideggerianos), outros a *História* (hegelianos, marxistas, etc.), outros, ainda, a *Liberdade* (Sartre). A posição de Lacan face a este sentido pré-verbal e sempre religioso, não é só psicanalítica, mas também científica. Recorrendo à antropologia de Lévi-Strauss e à linguística de Saussure, mostra que o *sentido* <*sens*> é um efeito de *significado* <*signifié*>, e este um efeito das permutações do significante <*signifiant*>. É a partir da estrutura significante da linguagem, ou do primado da ordem simbólica sobre o imaginário e o real, que Lacan vai desenvolver o seu ensino nos primeiros anos da década de 50. É na conferência que pronuncia em 1958 na Alemanha, intitulada *Die Bedeutung des Phallus*, que Lacan liga *logos* e *libido*, fazendo então do falo, não só o significante do desejo do ser falante, como o significante do que obtém ao nível daquilo que a pulsão sexual tem de real, e não só de imaginário e simbólico. Pouco a pouco, apoiando-se na distinção de Frege entre *Sinn*, sentido ou significado de uma proposição, e *Bedeutung*, a sua referência, Lacan explicará que a significação ou referência do falo é o gozo, ou que o falo é o significante do gozo (aquilo que do gozo sexual se pode apanhar com o significante).

[50] Termo que Lacan compõe a partir de *parole*, *être*, *paraître* e *lettre*, e que pode substituir no pensamento contemporâneo o *dasein* de Heidegger.

[51] Termo forjado por Lacan à maneira das homofonias de James Joyce, e que substitui o Homem do Humanismo e do Existencialismo.

[52] Inicialmente na Escola Freudiana de Paris. Depois da dissolução desta por Lacan, o passe continua a funcionar na Escola dos alunos que levam o seu ensino para diante, em particular na Escola Europeia de Psicanálise (EEP) e na Associação Mundial de Psicanálise (AMP).

A PSICANÁLISE NO MUNDO E EM PORTUGAL

A PSICANÁLISE NO MUNDO

O sujeito da psicanálise não é o indivíduo autónomo, possuidor de livre arbítrio. Porém, para saber algo da sua alienação constituinte, é necessário que a sua fala seja totalmente livre, cláusula que só encontra uma garantia objectiva em países que salvaguardam constitucionalmente a liberdade de expressão.

Assim, não é por acaso que seja nas democracias ocidentais que o movimento psicanalítico se tenha podido implantar e desenvolver, sobretudo graças aos grupos que se formaram sob a égide da Associação Psicanalítica Internacional (IPV), criada por Freud e Ferenczi em 1910, e dominada desde a Segunda Grande Guerra Mundial pelo potentado anglo-americano (localizado essencialmente no eixo Londres/Nova York/Chicago), que lhe dará o nome pela qual é hoje conhecida, *International Psychoanalyitical Association* (IPA).

Para sair do gueto de Viena e mostrar o carácter universalista da psicanálise àqueles que começavam a chamá-la de «ciência judia», Freud achou por bem colocar o católico Jung na Presidência da IPA. Porque Jung não era propriamente um psicanalista, mas um psiquiatra suíço, a escolha de Freud não agradou muito aos seus alunos vienenses. Desconfiança que Jung acabou por confirmar, não só devido às suas futuras especulações teóricas e compromisso com o nacional-socialismo, como pelo seu abandono da IPA e da psicanálise.

A patologia institucional gerada na confusão entre problemas científicos e políticos, levou, em 1913, à criação de um Comité Secreto (formado por Freud, Ferenczi, Rank, Sachs, Abraham e Jones, ao qual se veio juntar, em 1919, Eitington), que instaurou normas para a análise dos candidatos a analistas e a sua supervisão. Mas, depois da dissolução deste Comité, à medida que a Internacional se tornava um instrumento de uniformização, que obliterava diferenças linguísticas, nacionais e individuais, foi-se assistindo ao afastamento progressivo de Freud da Associação que tinha instituído.

Após a morte do pai fundador, foram surgindo reacções ao controlo que a IPA exercia sobre a psicanálise a nível mundial, resistências a que muitas vezes se quis atribuir motivos pessoais e interesses regionais, mas que tiveram essencialmente a ver com uma organização extremamente hierarquizada, a formulação de regras *standard* para a direcção da cura-tipo e a formação do psicanalista, e a pressão para impor os estatutos que deviam reger as instituições em cada país.

Todavia, qualquer que seja a concepção que façamos do modo como a IPA promoveu a psicanálise, o que sempre se verificou foi a necessidade de um embrião de Estado de direito, e, pelo menos, de duas vias para a sua penetração, a médica e a cultural.

Quando a psicanálise entra num país pela via da medicina, ela instala-se normalmente no terreno da psiquiatria, estende-se para a psicologia, e tende a aderir a um ideal de pragmatismo terapêutico. Quando a psicanálise penetra pela via cultural, torna-se muitas vezes uma disciplina académica, uma pseudo-filosofia, ou um instrumento de estudos literários de onde quase toda a experiência clínica é evacuada.

A conjugação destas duas tendências com a psicanálise propriamente dita nem sempre se pôde realizar devidamente, mas entre todos os países em que tal se efectuou, foi certamente em França que se atingiu o mais alto nível, graças ao ensino de Jacques Lacan, ele mesmo psiquiatra clássico, exímio orador e escritor, intelectual extremamente culto, *leader* carismático e psicanalista original.

Apesar dos seus cerca de 7.000 terapeutas, repartidos por 30 países e 72 Sociedades, a IPA já não é hoje em dia o único veículo da transmissão da doutrina freudiana, nem a única instituição capaz de garantir a formação do psicanalista, como reconheceu finalmente o seu penúltimo Presidente, Horacio Etchegoyen (cfr. Entrevista com Jacques-Alain Miller e R. Horácio Etchegoyen : *Silence Broken*, http://www.ilimit.com/amp/english/vertex.htm).

Sobretudo a partir da *excomunhão* de Lacan pela IPA em 1963, acontecimento que provocou a segunda cisão do movimento psicanalítico francês, uma orientação lacaniana foi progressivamente trilhando o seu caminho no campo desbravado por Freud, penetrou noutros países que não a França (primeiramente na Bélgica, Espanha, Itália, Argentina, Venezuela e Brasil), e acabou por dar origem, em Janeiro de 1992, à criação, por Jacques-Alain Miller, da Associação Mundial de Psicanálise (AMP), que compreendia, segundo o seu Anuário de 1995, cerca de 600 membros repartidos por 20 países, 5 Escolas e 30 grupos.

A principal consequência do cisma iniciado em 1963, é que o movimento psicanalítico internacional ficou por largos anos dividido entre lacanianos e não lacanianos. Assiste-se contudo hoje, dentro e nas margens das Sociedades da IPA, ao aparecimento de psicanalistas que procuram fugir à esclerose técnica e doutrinária que se seguiu à morte dos grandes mestres que viveram em Londres (Anna Freud, Melanie Klein e Donald Winniccot), recorrendo a autores como Bion, Kohut e Kernberg, ou estudando mais ou menos clandestinamente Lacan, de modo a poderem encontrar uma outra seiva de vida. Por outro lado, alguns lacanianos têm tentado desde há alguns anos uma aproximação a certos membros da IPA, para trocar informações e obter vantagens comuns. Falta de princípios dizem uns, tentativa de diálogo dizem outros. No entanto, não se pode concluir que este *new deal* tenha sido até agora um *great deal*, porque a divisão das águas se acentua ao nível institucional, teórico e clínico.

Independentemente dos problemas internos aos psicanalistas, aquilo que se vislumbra no mundo é sobretudo o ressurgimento da anti-psicanálise, em particular nas duas vias acima indicadas: a psiquiatria está cada vez mais enfeudada no discurso da ciência, da genética à psicofarmacologia; a psicologia dominante, isto é, a que estuda o comportamento (emotivo, cognitivo, etc.) humano, prefere antes dialogar com os cientistas do cérebro que com os psicanalistas; e a cultura civilizada voltou outra vez as costas à psicanálise, para se lançar em novas interrogações que pretensamente a dispensam.

Mas apesar do aspecto «seita» que os das outras «capelas» denunciam, a psicanálise cresce, havendo cada dia mais pessoas interessadas por ela.

A PSICANÁLISE EM PORTUGAL

Está ainda por fazer uma verdadeira História da Psicanálise em Portugal; razão pela qual me limitarei aqui a colocar alguns marcos e traçar algumas pistas.

Comecemos pela pré-história. Se deixarmos de lado José Custódio de Faria (1776-1819), Abade português que se tornou um dos pioneiros do hipnotismo em França, podemos dizer que o interesse moderno pela psicologia começou entre nós durante a República, quando foram criadas, nas Faculdades de Letras, aulas de Psicologia Experimental para apoiar a formação de professores, considerados pela ideologia da época como os verdadeiros reformadores do Homem e da Sociedade. Foi ainda neste quadro, que pedagogos como António Sérgio, futuro Ministro da Instrução, foram enviados como bolseiros para o Instituto Jean-Jacques Rousseau em Genebra para perfazerem a sua formação.

A Psiquiatria foi também uma disciplina acarinhada pelos republicanos, não só devido à sua contribuição para a salubridade pública, como pelo facto de muitos psiquiatras partilharem as ideias liberais, caso de Miguel Bombarda, Director do Manicómio de Lisboa, grande figura da Maçonaria e Chefe Civil da Revolução de 5 de Outubro.

Mas o primeiro político republicano a interessar-se explicitamente pela psicanálise, foi o neurologista e futuro Prémio Nobel António Egas Moniz (1874-1955), que, a partir de 1915, deu lições sobre Freud na Faculdade de Medicina de Lisboa. Em 1921, num artigo intitulado *O Conflito Sexual*, Egas Moniz revela mesmo ter utilizado (sem análise pessoal) o divã, a associação livre e a interpretação dos sonhos; e a partir de 1924, comprova o seu interesse pela «psicanálise aplicada», publicando textos sobre o Abade Faria, Júlio Dinis e Camilo Castelo Branco. Além de Egas Moniz, sabe-se ainda que psiquiatras como Sobral Cid, Pulido Valente, ou Diogo Furtado, mostraram curiosidade pela compreensão psicanalítica das doenças mentais.

No que diz respeito a um interesse não directamente clínico pela psicanálise, descobriram-se recentemente quatro cartas de resposta (datando dos anos 1924-29) de Freud a Abel de Castro, seminarista e professor de liceu que preparava um volume sobre *A Valorização Do Esforço*. E é um facto bem conhecido hoje que Fernando Pessoa, João Gaspar Simões e Fernando Namora foram leitores de Freud. Em resumo: para além de todos aqueles que no começo e meados do século desenvolveram especulações sobre as relações entre o santo, o génio e o louco, ou entre o homossexual e o artista, sabe-se que houve um certo número de médicos e intelectuais portugueses que foram seduzidos pelas ideias freudianas, mas que tal atracção à distância não teve consequências clínicas e culturais relevantes no nosso país.

Por outro lado, no seu combate contra as *almas dilaceradas pela dúvida e o negativismo do século*, o Estado Novo, a Igreja Católica e as *pessoas de bem* sempre foram hostis ao que se chamou a *obsessão libidinosa* de Freud e o *pansexualismo* da psicanálise; são disso provas manifestas a preventiva «Nota explicativa da intenção do tradutor» de Osório de Oliveira, quando da publicação, na Ática e em 1932, do primeiro livro de Freud em Português (*Os Três Ensaios Sobre a Teoria da Sexualidade*), ou o ensaio sobre *A Psico-Análise e a Educação Moral* que António Serras Pereira publicou no mesmo ano.

Orgulhosamente sós, sem empenhamento nas práticas nem acesso directo às obras sobre as quais se poderia fundar uma opinião justa, os portugueses fizeram sobretudo da psicanálise, até aos anos 50, um lugar comum de riso e polémica.

A partir dos anos 50, alguns médicos portugueses estabelecem residência no estrangeiro no intuito de fazerem a sua formação psicanalítica. Entre estes, encontram-se Francisco Alvim e Pedro Luzes (que fazem o seu treino em Genebra), João dos Santos (Paris) e Eduardo Luís Cortesão (Londres), que importará também para junto de nós a técnica grupanalítica.

São Francisco Alvim e Pedro Luzes que se encarregam dos primeiros tratamentos analíticos praticados no nosso país e introduzem definitivamente a psicanálise em Portugal. Juntamente com dois colegas de Espanha, formam a Sociedade Luso-Espanhola de Psicanálise (1957) e, uma vez esta extinta, criam o Grupo de Estudos que dará origem à Sociedade Portuguesa de Psicanálise (SPP, 1971), da qual assumem, respectivamente, os cargos de Presidente e Secretário (cabendo a João dos Santos a função de Vice-Presidente).

Para passar de Sociedade Provisória (1977) a Sociedade Componente (1981) da Associação Psicanalítica Internacional, a SPP teve de respeitar as regras por esta estabelecidas (por exemplo: apenas eram admitidos candidatos médicos como membros de uma Sociedade autónoma), e receber a visita regular de conselheiros e colaboradores estrangeiros (na sua maioria francófonos) como Raymond de Saussure, René Diatkine, Pierre Luquet, Pierre Marty, ou Serge Lebovici.

À partida, apesar de um certo número de iniciativas levadas a cabo para se fazerem conhecer publicamente, os psicanalistas portugueses mantiveram-se discretos. De facto, mesmo se dissiparam algumas das dúvidas existentes quando obtiveram o reconhecimento das autoridades oficiais por Parecer Científico dos Professores de Psiquiatria de Lisboa, Porto e Coimbra, e das três Secções Regionais da Ordem dos Médicos, eles encontravam-se numa conjuntura política desfavorável, confrontados com inúmeras dificuldades burocráticas, e em oposição a todos os que tinham aplaudido o «auto da fé» nazi de Berlim.

A aparição científica a nível europeu surge apenas em 1968, quando o então denominado Grupo de Estudos Psicanalíticos Português foi encarregado de organizar o 19º Congresso dos Psicanalistas de Línguas Românicas; mas é só com o 25 de Abril de 1974 que a SPP pôde começar a alargar as suas iniciativas ao nível da clientela privada, assim como pôr a funcionar em Lisboa o seu Instituto de Psicanálise (1975). Pouco a pouco, com a Revolução dos Cravos, o panorama muda: o ensino da psicanálise consegue penetrar nas Universidades e no Instituto Superior de Psicologia Aplicada; Simpósios e Colóquios são organizados regularmente, e um «órgão» da Sociedade – A Revista Portuguesa de Psicanálise – começa a vir a lume em 1985. A SPP – então representante única e credenciada da psicanálise em Portugal – recolhe os frutos que prudentemente semeou, acabando por dominar todas as instituições e sectores socio-profissionais abertos à palavra de Freud.

Depois dos amistosos diferendos entre freudianos «clássicos» (Francisco Alvim, João dos Santos) e kleino-bionianos (Pedro Luzes), o ensino de Bion acaba por vingar na SPP, e oferecer uma língua comum para que os seus membros se entendam, em grande parte graças ao mais jovem, ecléctico e mediático dos seus analistas didactas, Carlos Amaral Dias.

Nos últimos anos, a SPP tem vindo a vincar a sua acção nas áreas da psicanálise de crianças (onde à obra que João dos Santos e António Coimbra de Matos levaram a cabo no Centro de Saúde Mental Infantil e Juvenil de Lisboa se veio juntar o ensino de Florence Bégoin, Jean Bégoin e Annie Anzieu), da profilaxia da toxicodependência, da psicologia e política da Saúde (onde se destacou o primeiro Presidente da Associação Portuguesa de Saúde Mental, Jaime Milheiro), da Educação, da Justiça e dos Serviços Sociais.

É só no fim dos anos 60 que o pensamento de Lacan penetra na Faculdade de Letras de Lisboa, pela via do «estruturalismo», graças a Eduardo Prado Coelho e alguns outros professores universitários, como Maria Alzira Seixo, sob a responsabilidade da qual se vai efectuar a primeira tradução lusitana de um texto do célebre psicanalista francês (*O Estádio do Espelho in O Sujeito, o Corpo e a Letra*, Arcádia, 1977). Apesar do interesse relativo que Lacan despertará nesta época em certos intelectuais da nossa praça, o certo é que – se exceptuarmos algumas escassas citações ao nível da filosofia e do jornalismo – nenhum ensaísta, poeta, romancista ou artista português dará a devida importância ao que este ensinou (ao contrário do que aconteceu em muitos outros países).

É Maria Belo, membro da antiga Escola Freudiana de Paris, a primeira a animar, durante os anos 70, um pequeno grupo de inspiração lacaniana, denominado Percurso Freudiano, no qual participaram, a maior ou menor distância, Eduardo Prado Coelho, José Gabriel Pereira Bastos e Brigitte e Tito Cardoso e Cunha. Em colaboração com a Editora Assírio & Alvim, lançam a colecção «Pelas bandas da psicanálise», traduzindo para esta *A Família* e *O Mito Individual do Neurótico*. Este primeiro grupo dissolver--se-á rapidamente, arrastando atrás de si e durante mais de dez anos todo o real interesse por Lacan em Portugal.

Deste modo, foi só depois do meu regresso a Lisboa, após vinte anos de estadia em Paris, onde realizei a minha formação universitária e psicanalítica, que foi fundada, em Fevereiro de 1988, a primeira Associação destinada a promover explicitamente os significantes de Lacan em Portugal, a Antena do Campo Freudiano (cfr. página ACF: http://jmpeneda.tripod.com/acfportugal). Num primeiro momento, como o seu nome sugere, a Antena dedicou-se essencialmente a receber e difundir informações provenientes da transferência de trabalho de todos aqueles que seguem uma orientação psicanalítica rigorosamente lacaniana nos quatro cantos do planeta. Após a constituição de um núcleo de trabalhadores decididos, a ACF começou a formar novos psicanalistas, capazes de erguer em Portugal as bases de uma futura Escola Lacaniana. As actividades culturais da

ACF são actualmente de três tipos: animação de Seminários de estudos psicanalíticos, organização de Ciclos de Conferências internacionais e edição de publicações regulares (traduções, livros, uma revista e uma folha informativa).

Através da criação do Centro de Estudos de Psicanálise da ULHT, a ACF pôde também instalar o ensino de Lacan na Universidade privada portuguesa, que precedeu nesta área a Universidade estatal e concordatária. São essencialmente membros da ACF, como João Peneda e José Manuel Rodrigues Alves (o primeiro a defender em Portugal, sob a direcção de Acílio Estanqueiro Rocha, uma tese de doutoramento sobre Lacan), que farão que este ensino penetre posteriormente na Faculdade de Belas-Artes da Universidade de Lisboa, no Instituto Politécnico de Bragança, ou na Universidade de Braga.

Quatro anos depois da fundação da ACF, Maria Belo cria um novo grupo em Lisboa, o Centro Português de Psicanálise, que ficará vinculado à Associação Psicanalítica Internacional, um dos sucedâneos da dissolução por Lacan da Escola Freudiana de Paris.

Uma alternativa à SPP começa assim a firmar-se em Portugal, mesmo se são poucos aqueles que trabalham o ensino de Lacan com uma paixão propriamente psicanalítica.

Resta lembrar que existem ainda gravíssimas falhas de informação no nosso país relativas às obras de Freud e dos seus continuadores, lacunas que continuam a alimentar a polémica dos leigos em torno da psicanálise, mas também o uso e abuso que alguns dos nossos mais conhecidos psicanalistas fazem do vocabulário de Freud.

A PSICANÁLISE NA UNIVERSIDADE LUSÓFONA

Depois de terem estado ligados às opções pessoais de certos responsáveis de cadeiras, a investigação e o ensino da psicanálise na ULHT fazem-se hoje essencialmente através do Centro de Estudos de Psicanálise (CEP), grupo de trabalho que resultou de um Protocolo de Cooperação assinado, em Janeiro de 1995, pela Antena do Campo Freudiano e o então denominado Curso de Psicologia do ISMAG.

Desde a sua fundação, colaboraram no CEP psicanalistas nacionais e estrangeiros pertencentes às principais instituições e correntes do pensamento freudiano, técnicos e intelectuais de diversas áreas, docentes (Paulo Sargento dos Santos, Nuno Colaço, Manuela Cruz, Luís Robert, Filipe Pereirinha, etc.) e discentes da ULHT, assim como estudantes desejando desenvolver as suas pesquisas no campo da psicanálise.

O CEP já organizou um Ciclo de Conferências dedicado ao *Sintoma Psicanalítico nas Estruturas Clínicas* (1995-96), Seminários sobre Freud, Klein, Winnicott e Lacan (1995-2000), várias palestras sobre a psicanálise e as suas conexões, e seis Jornadas de Estudo, consagradas respectivamente aos *Cem Anos do Sonho da Injecção dada a Irma* (Maio 1995), aos *Poderes da Palavra na Psicanálise* (Maio 1996), ao *Sintoma na Civilização* (Maio 1997), a *Por Mares Nunca Dantes Navegados* (Junho 1998), à *Arte e Psicanálise* (Maio 1999) e à *Clínica do Gozo* (Junho 2000).

Após um desafio lançado pelo Reitor da ULHT, Fernando Santos Neves, foi ainda o CEP que elaborou o projecto do primeiro Curso de Pós-Graduação em Psicanálise do nosso país, que aguarda actualmente a autorização ministerial para passar a Mestrado aberto a todos os licenciados, mas visando sobretudo o aperfeiçoamento da formação teórica do psicanalista e do psicólogo clínico.

O trabalho teórico do CEP partiu da crise que a psicanálise provocou na ciência e na consciência. Salientou a ruptura epistemológica do *Discurso do Analista*, e a ferida narcísica que provocou na humanidade, a partir da hipótese do inconsciente e da teoria das pulsões. Separando, com o gume afiado destes dois conceitos fundamentais, a psicanálise do pensamento que se enuncia hoje em dia, o CEP teve sempre o cuidado de aprofundar o estudo das condições de possibilidade da *talking cure*, isto é, a função e o campo da fala e da linguagem na transferência.

O problema mais geral reside no seguinte: enquanto a psiquiatria farmacológica vai introduzindo substâncias químicas no espaço somatopsíquico, e a psicologia cognitivo-comportamental intervindo nele com métodos de tratamento empiricamente válidos, ou provavelmente eficazes, a fim de adaptar a reacção ao estímulo e o indivíduo ao meio, a psicanálise ocupa-se preferencialmente do elemento significante que conduz à adopção de posições por um sujeito que, fundamentalmente, não se equilibra com nada nem se adapta a ninguém.

Deste modo, contrariamente aos que pedem hoje à Ciência a chave para todos os seus problemas, o CEP tem-se interessado sobretudo pelas logopráticas, dado que a linguagem é o princípio do Homem e do seu mundo, por isto o que constitui a especificidade da sua causalidade psíquica.

É particularmente aos efeitos inapercebidos da linguagem sobre o corpo sexuado e mortal do ser humano, e à *Clínica do gozo* que estes efeitos exigem, que o CEP dedicou o seu último Seminário e Jornada de Estudos, porque é desta *praxis* que espera o seu bilhete para o século XXI.

O QUE É A PSICANÁLISE?

(era a questão à qual deveria ter respondido na Conferência da Sessão Solene de Abertura do Ano lectivo 2000/2001 do Curso de Psicologiada Universidade Lusófona de Humanidades e Tecnologia)

Foi-me pedido que respondesse à questão *o que é a psicanálise?* Lamento, mas não irei dar nenhuma definição positiva, ou negativa, da mesma, reafirmar ou contestar o que tenho vindo a ensinar nas minhas aulas, palestras e livros.

É que a minha história com a psicanálise é antes de tudo uma história de amor. Ora, quando se ama realmente, não é possível dizer que se conhece inteiramente o ente amado, que sabemos ao certo o que ele é, pois o objecto de amor guarda sempre o seu mistério. Assim, se a psicanálise pode constituir um grande mistério para quem me coloca a questão, como para aqueles que esperam uma resposta, para quem a ama, como eu, ela é ainda mais misteriosa.

A psicanálise é para mim como uma mulher misteriosamente bela, verdadeira e boa. Ai as palavras! A psicanálise também me ensinou isso, como ela, as palavras podem ser traiçoeiras. Assim, quando disse *boa*, não era no sentido de boazinha, ou de bondosa. A psicanálise não procura fazer o bem, nem indicar onde ele está, e por vezes até faz mal, muito mal. Era no sentido em que Rui Reininho canta da rapariga que se aproxima: *lá vem ela, sabendo que é boa* ! Isto é qualquer coisa de mais sólido, a que nos podemos imediatamente agarrar. Toda a gente sabe: a psicanálise uma bomba sexual, a *sex bomb*, canto desta vez com o Tom Jones.

Esta bomba ensinou-me a lidar com as tentações e transgressões que o sexo acarreta. Apesar de gostoso, o sexo também é perigoso. Não me estou a referir a doenças sexualmente transmissíveis como a Sida, mas a algo que existia bem antes do problema que esta síndroma nos criou, a perversão polimorfa da criança que temos dentro de nós, ou que ainda somos. A sexualidade é uma bomba, mas podemos aprender a manejá-la, como os químicos que lidam com matérias explosivas nos seus laboratórios. Não é por acaso que seja à análise química dos corpos compostos, que se decompõem, que Freud pediu emprestado o nome que deu ao bebé que nasceu da sua aventura com a verdade.

Afirmei sem reticências que amo a psicanálise. Mas não é suficiente. Em *Cyrano de Bergerac*, quando Christian, o jovem militar, declara o seu amor a Roxane, lhe diz *je t'aime*, a preciosa retorque-lhe: – *c'est le thème*, é esse o tema da nossa conversa. *Brodez, brodez*, acrescenta. O que significa que Christian deve continuar a bordar o pano do seu discurso, dizer como a ama, desenvolver a sua retórica e imaginação, para lhe mostrar até onde é capaz de ir nas coisas do amor.

Posso agora dizer como o Caetano Velozo: *quando a gente gosta, é claro que a gente cuida*. Cuido do meu amor pela psicanálise. Como me agrada, procuro agradar-lhe ainda mais. Ocupo-me muito dela, e tento enriquecê-la enriquecendo-me. Em todos os sentidos, pois trabalhamos juntos. Temos uma empresa em comum e, por esta razão, quanto mais convincente e eficaz é a minha psicanálise, mais ela me ajuda a ganhar o dinheiro de que necessito para viver e, mesmo, para ter alguns luxos. Vejam esta minha gravata de seda. Não vou dizer a marca e o preço que paguei por ela, mas foi excessivamente cara. Porque é que eu ando com este nó ao pescoço? Será porque é um símbolo fálico? Para alguns, a gravata não tem nada de simbólico, é um objecto muito real, tão real como a corda com que se enforcam. Evoco esta imagem mórbida, para vos dizer que a minha psicanálise não se deixa enganar por nenhum luxo. Nem o meu narcisismo de gravata, pois sei que na hora da minha morte, como tudo o resto, o luxo é lixo que deixarei neste mundo.

A psicanálise nasceu na Áustria, mas não ficou presa no berço. A *Bruxa de Viena*, como lhe chamaram um dia, adora passear, viajar pelo planeta, e já conseguiu dar a volta ao mundo. Foi em terras gaulesas que a encontrei realmente, quando por lá vivia. Foi de França que a trouxe para Portugal, para a nossa Universidade, para o nosso Departamento. Ela não desgostou, e até convive amenamente com as outras raparigas do Curso, a psicologia experimental, a psicologia do desenvolvimento, a psicologia social, etc. Não sei se são grandes amigas, mas dão-se relativamente bem. De qualquer maneira não me irei meter em competições femininas.

Se namoro com a minha psicanálise, os meus colegas namoram com outras raparigas do Curso. Sei também de um que teve uma paixoneta de adolescente pela psicanálise, mas acabou por deixá-la a ela e ao Fred (foi assim que o ouvi noutro dia chamar por brincadeira o papá da psicanálise). Abandonou a pobre psicanálise, para se casar com uma rapariga mais rica e supostamente mais séria, a psicologia cognitivo-comportamental. Ela está na moda, mas não se pode dizer que o nome e a coisa sejam mais bonitos do que os da outra. De qualquer modo, o matrimónio não chegou a este meu colega, pois agora arranjou uma amante, uma prima direita da sua esposa, a psicologia evolutiva.

O Professor Michael Eysenk, nosso ilustre convidado de hoje, também gosta há muito tempo da psicologia cognitiva. Felizmente que vive no estrangeiro, em Inglaterra, pois é melhor que cada um fique com a sua no seu canto – causa menos ciúmes. Imaginem se começássemos todos a cometer o pecado de cobiçar a mulher do próximo. De qualquer modo é muito difícil, mesmo impossível, termos todos a mesma mulher, ainda que a psicanálise diga provocadoramente aos que se interessam e não por ela: vocês andam todos à procura da mãe!

Pela minha parte, pelo menos desde que namoro com a minha psicanálise, já não ando à procura da mãe, ou como me diziam por vezes quando era miúdo, jogava à bola e queria marcar golos custe que custe, já não ando à mama. Ignoro se conhecem a expressão? Mas posso dizer que me deixava ficar por vezes *off side*, fora de jogo, mas querendo meter sem ser notado pelo árbito as bolas lá dentro, no buraco. Bem, também já não estou nem ando à mama. Deleito-me ainda, mas com o meu novo amor. É a minha psicanálise que me ajuda a saborear melhor a vida, os seus alimentos sensíveis e inteligíveis, e, mesmo, a partilhar este sabor com outros que não o possuem.

A simples presença da psicanálise afugenta muita gente – não sei se os psicólogos cognitivo-comportamentais já têm alguma técnica para curar a fobia, por vezes o pânico, da psicanálise? –, mas também cativa alguns, que, desde logo, podem vir a interessar-se por ela, a querer conhecê-la melhor, a fim de aproveitar tudo o que tem para dar. E acreditem, eu que a amo, afirmo que ela me dá mais satisfação do que a maioria das coisas que posso encontrar entre o céu e a terra, como escreveu um poeta da língua materna do professor Eysenk, o chamado William Shakespeare.

Que poderei ainda acrescentar sobre um amor que me causa tanto desejo? Talvez acalentar junto de vós a esperança de o encontrar, pois não seria certamente nefasto poderem um dia amar, não a psicanálise, nem a minha psicanálise, mas a vossa.